Das Zahlenbuch
Arbeitsheft
3

von Erich Ch. Wittmann, Gerhard N. Müller
unter Mitwirkung von
Marcus Nührenbörger und Ralph Schwarzkopf

Bearbeitung der Ausgabe 2017:
Marcus Nührenbörger, Ralph Schwarzkopf,
Melanie Bischoff, Daniela Götze, Birgit Heß,
Diana Hunscheidt

Ernst Klett Verlag
Stuttgart · Leipzig

Inhalt

	SB	
Wiederholung und Vertiefung		
Addieren und Subtrahieren	3	4
Tabellen und Diagramme		6
Rechenwege bei der Addition	4	8
Rechenwege bei der Subtraktion	5	10
Die Einmaleins-Tafel	6	12
Multiplizieren und Dividieren	7	14
Verdoppeln und Halbieren	8	16
Rückblick / Forschen und Finden	9	18
Sachaufgaben/Geometrie		
Mit Geld rechnen	11	20
Sachaufgaben	13	22
Würfelgebäude	14	24
Orientierung im Tausenderraum		
Zählen, Bündeln und Schätzen	15	26
Die Zahlen bis 1 000	16	28
Die Stellentafel	17	30
Das Tausenderfeld	18	32
Der Zahlenstrahl bis 1 000	20	34
Der Rechenstrich	21	36
Rückblick / Forschen und Finden	22	38
Messen und Ordnen		
Geldwerte		40
Längen: Zentimeter und Meter	24	42
Längen: Zentimeter und Millimeter	25	44
Addition und Subtraktion im Tausenderraum		
Einfache Aufgaben	26	46
Verdoppeln und Halbieren	27	48
Rechenwege bei der Addition	28	50
Rechenwege bei der Subtraktion	29	52
Abziehen und Ergänzen	30	54
Rückblick / Forschen und Finden	31	56
Geometrie		
Formen aus Quadraten	33	58
Würfelnetze	34	60
Multiplikation und Division		
Malaufgaben zerlegen	35	62
Das Zehnereinmaleins	37	64
Die Zehnereinmaleins-Tafel	38	66
Rechenwege bei der Multiplikation	39	68
Rückblick / Forschen und Finden	40	70
Sachaufgaben		
Überschlagsrechnen	42	72
Längen: Meter und Kilometer	43	74
Mit Entfernungen rechnen	44	76
Einführung der schriftlichen Addition		
Schriftliche Addition	45	78
Schriftlich addieren	47	80
Übungen zur schriftlichen Addition	48	82
Mit Geld rechnen	50	84
Rückblick / Forschen und Finden	52	86
Messen und Ordnen		
Gewichte: Kilogramm und Gramm	54	88
Gewichte: Kilogramm und Tonne	55	90
Geometrie		
Formen am Geobrett	56	92
Flächeninhalte am Geobrett	57	94
Einführung der schriftlichen Subtraktion		
Schriftliche Subtraktion: Auffüllen	58	96
Schriftlich subtrahieren	60	98
Übungen zur schriftlichen Subtraktion	62	100
Mit Längen rechnen		102
Rückblick / Forschen und Finden	63	104
Sachaufgaben		
Zeitpunkte: Uhrzeiten		106
Zeit: Zeitpunkte und Zeitspannen	65	108
Tabellen und Skizzen	67	110
Geometrie		
Seitenansichten von Würfelgebäuden	68	112
Körper und Flächen	69	114
Aufgaben vergleichen		
Gleichungen und Ungleichungen	70	116
Multiplizieren und Dividieren	71	118
Rechenwege bei der Division	72	120
Addieren und Subtrahieren	73	122
Rückblick / Forschen und Finden	74	124
Sachaufgaben		
Tabellen und Diagramme		126
Mit Tabellen rechnen	76	128
Lösungswege vergleichen	77	130
Geometrie		
Formen in der Kunst	78	132
Parkette	79	134
Miniprojekte		
Spiele mit dem Zufall	80	136
Bald ist Weihnachten		138
Bald ist Ostern	82	140
Alternatives Subtraktionsverfahren		
Schriftliche Subtraktion: Entbündeln	83	142
Abschließende Wiederholung		
Grundfertigkeiten im Hunderterraum	84	
Geometrische Grundfertigkeiten	88	
Grundfertigkeiten in Größen und Sachrechnen	90	
Blitzrechnen		
Übersicht über die Blitzrechenübungen	94	
Zum Einsatz der Blitzrechenübungen	96	

○ Grundlagen aufbauen und sichern
◐ Zusammenhänge entdecken und anwenden
● Beziehungen reflektieren und nutzen
✻ Selbstgesteuert üben und Aufgaben produzieren

Addieren und Subtrahieren

1 Schöne Päckchen. Was fällt dir auf? Kreise ein.

a) 25 + 11 = ___   b) 12 + 20 = ___   c) 64 + 21 = ___   d) 53 + 21 = ___
   34 + 12 = ___   22 + 30 = ___   61 + 21 = ___   54 + 23 = ___
   43 + 13 = ___   32 + 40 = ___   58 + 21 = ___   55 + 25 = ___
   52 + 14 = ___   42 + 50 = ___   55 + 21 = ___   56 + 27 = ___

2 Welches Päckchen passt zu der Beschreibung? Kreuze an und ergänze die fehlenden Sätze.

a) ☐ 1a ☐ 1b ☐ 1c ☐ 1d

Die 1. Zahl wird immer um 1 größer.
Die 2. Zahl wird immer um 2 größer.
Deshalb wird die Summe _____
_____

b) ☐ 1a ☐ 1b ☐ 1c ☐ 1d

Die 1. Zahl wird immer um 9 größer.
Die 2. Zahl wird immer um 1 größer.
Deshalb _____
_____

c) ☐ 1a ☐ 1b ☐ 1c ☐ 1d

Die 1. Zahl wird immer um 10 größer.
Die 2. Zahl wird _____
_____

d) ☐ 1a ☐ 1b ☐ 1c ☐ 1d

Die 1. Zahl wird immer um 3 kleiner.
_____
_____

3 Schöne Päckchen. Was fällt dir auf? Kreise ein.

a) 45 − 30 = ___   b) 37 − 24 = ___   c) 85 − 9 = ___   d) 24 − 11 = ___
   46 − 31 = ___   47 − 23 = ___   85 − 11 = ___   28 − 15 = ___
   47 − 32 = ___   57 − 22 = ___   85 − 13 = ___   32 − 19 = ___
   48 − 33 = ___   67 − 21 = ___   85 − 15 = ___   36 − 23 = ___

4 Welches Päckchen passt zu der Beschreibung? Kreuze an und ergänze die fehlenden Sätze.

a) ☐ 3a ☐ 3b ☐ 3c ☐ 3d

Die 1. Zahl wird immer um 10 größer.
Die 2. Zahl wird immer um 1 kleiner.
Deshalb wird die Differenz _____
_____

b) ☐ 3a ☐ 3b ☐ 3c ☐ 3d

Die 1. Zahl wird immer um 4 größer.
Die 2. Zahl wird immer um 4 größer.
_____
_____

c) ☐ 3a ☐ 3b ☐ 3c ☐ 3d

Die 1. Zahl bleibt immer gleich.
Die 2. Zahl _____
_____

d) ☐ 3a ☐ 3b ☐ 3c ☐ 3d

Die 1. Zahl wird immer um 1 größer.
_____
_____

1–4 Regelmäßigkeiten in schönen Päckchen untersuchen; Forschermittel einsetzen.

Rechenwege bei der Addition

1 Wie rechnen die Kinder? Verbinde und rechne.

Schrittweise   Zehner und Einer extra   Hilfsaufgabe

Tim 48 + 33 =
40 + 30 =
8 + 3 =

Leo 57 + 27 =
57 + 20 =
＿ + 7 =

Max 34 + 49 =
34 + 50 =
＿ − 1 =

2 Schrittweise (S), Zehner und Einer extra (ZE) oder Hilfsaufgabe (H)? Wie rechnest du?

38 + 17 =   27 + 17 =   53 + 28 =

39 + 27 =   47 + 16 =   72 + 19 =

3 Rechne mit einer Hilfsaufgabe. Kreise die Zahl ein, die du änderst.

a) 17 + ⓢ59 = ＿
17 + 60 = ＿
＿ − 1 = ＿

b) ㉠39 + 53 = ＿
40 + 53 = ＿
＿ − 1 = ＿

c) 23 + 59 = ＿
23 + ＿ = ＿
＿＿＿＿

d) 39 + 39 = ＿
＿＿＿＿
＿＿＿＿

e) 65 + 18 = ＿
65 + 20 = ＿
＿＿＿＿

f) 28 + 36 = ＿
30 + ＿ = ＿
＿＿＿＿

g) 56 + 41 = ＿
＿＿＿＿
＿＿＿＿

h) 29 + 32 = ＿
＿＿＿＿
＿＿＿＿

4 Rechne immer erst die einfache Aufgabe. Kreuze an.

a) 39 + 38 = ＿
X 39 + 40 = ＿

b) 73 + 28 = ＿
70 + 28 = ＿

c) 60 + 19 = ＿
58 + 19 = ＿

d) 56 + 30 = ＿
56 + 36 = ＿

5 Zwei Aufgaben, ein Ergebnis. Erkläre mit Pfeilen.

a) 53 + 15 = ＿
↓−3 ↓+3
50 + 18 = ＿

b) 24 + 39 = ＿

23 + 40 = ＿

c) 48 + 33 = ＿

50 + 31 = ＿

d) 70 + 29 = ＿

72 + 27 = ＿

1 Angefangene Rechenwege beenden und zuordnen. 2 Eigene Rechenwege wählen und ggf. in Partnerarbeit vergleichen.
3 Strategie ‚Hilfsaufgabe' anwenden und vertiefen. 4, 5 Das Ableiten in Beziehung zur Bildung von Hilfsaufgaben üben.

→ Schülerbuch, Seiten 8/9

Rechenwege bei der Subtraktion

1 Wie rechnen die Kinder? Verbinde und rechne.

Schrittweise abziehen   Zehner und Einer extra   Hilfsaufgabe

Finn	53 − 27 =
	53 − 20 =
	33 − 7 =

Till	63 − 19 =
	63 − 20 =
	+ 1 =

Kim	87 − 62 =
	80 − 60 =
	7 − 2 =

2 **S**chrittweise Abziehen (S), **Z**ehner und **E**iner extra (ZE) oder **H**ilfsaufgabe (H)? Wie rechnest du?

42 − 16 =   35 − 17 =   53 − 25 =

66 − 27 =   53 − 35 =   72 − 19 =

3 Rechne mit einer Hilfsaufgabe. Kreise die Zahl ein, die du änderst.

a) 54 − ㉙ = ___
54 − 30 = ___
___ + 1 = ___

b) ㊙ − 26 = ___
90 − ___ = ___

c) 56 − 29 = ___

d) 79 − 34 = ___

e) 65 − 18 = ___
65 − 20 = ___

f) 44 − 28 = ___

g) 52 − 35 = ___

h) 94 − 28 = ___

4 Rechne immer erst die einfache Aufgabe. Kreuze an.

a) 68 − 19 = ___
X 68 − 20 = ___

b) 35 − 27 = ___
35 − 20 = ___

c) 74 − 40 = ___
74 − 38 = ___

d) 91 − 36 = ___
90 − 35 = ___

5 Im Bus fahren 42 Personen. 11 Leute steigen aus. [?]

_____

_____

_____

Die Einmaleins-Tafel

1 Rechne.

a) mit 2

3 · 2 = ___   2 · 7 = ___
4 · 2 = ___   2 · 8 = ___
5 · 2 = ___   2 · 9 = ___
6 · 2 = ___   2 · 10 = ___

b) mit 5

3 · 5 = ___   5 · 7 = ___
4 · 5 = ___   5 · 8 = ___
5 · 5 = ___   5 · 9 = ___
6 · 5 = ___   5 · 10 = ___

c) Quadrat

2 · 2 = ___   6 · 6 = ___
3 · 3 = ___   7 · 7 = ___
4 · 4 = ___   8 · 8 = ___
5 · 5 = ___   9 · 9 = ___

2 Rechne und vergleiche. Male die einfachen Aufgaben an.

a)
7 · 2 = ___   8 · 3 = ___
6 · 3 = ___   7 · 4 = ___
5 · 4 = ___

b)
8 · 5 = ___   9 · 6 = ___
7 · 6 = ___
6 · 7 = ___

c)
3 · 5 = ___   4 · 6 = ___   5 · 7 = ___
3 · 6 = ___
3 · 7 = ___

3 < oder > oder = ? Vergleiche.

a) 4 · 3 ◯ 12   b) 6 · 5 ◯ 35   c) 5 · 8 ◯ 44   d) 8 · 4 ◯ 40   e) 7 · 4 ◯ 30
   5 · 3 ◯ 12   7 · 5 ◯ 35   5 · 9 ◯ 44   8 · 6 ◯ 40   7 · 4 ◯ 28

4 Finde passende Malaufgaben. Das Ergebnis ist …

a) … gleich 18.   b) … gleich 36.   c) … kleiner als 15.   d) … größer als 50.

___ · ___ = 18   ___ · ___ = 36   ___ · ___ < 15   ___ · ___ > 50
___ · ___ = 18   ___ · ___ = 36   ___ · ___ < 15   ___ · ___ > 50
___ · ___ = 18   ___ · ___ = 36   ___ · ___ < 15   ___ · ___ > 50
___ · ___ = 18   ___ · ___ < 15   ___ · ___ > 50

1–4 Aufgaben zur Wiederholung des Einmaleins. **1** Einfache Aufgaben wiederholen. **2, 3** Beziehungen erkunden und nutzen. **4** Aufgaben finden.

→ Schülerbuch, Seiten 12/13   → Verstehen und Trainieren 3, Seiten 4/5   → Vernetzen und Automatisieren 3, Seiten 1/2

Multiplizieren und Dividieren

1 Rechne immer vier Aufgaben.

3 · 5 = _____ _____ _____ _____
5 · 3 = _____ _____ _____ _____
15 : 3 = _____ _____ _____ _____
15 : 5 = _____ _____ _____ _____

2 Rechne Aufgabe und Umkehraufgabe.

a) 4 · 2 = ___   b) 6 · 2 = ___   c) 3 · 7 = ___   d) 3 · 3 = ___
   8 : 2 = ___   __ : __ = __   __ : __ = __   __ : __ = __

   4 · 4 = ___   6 · 4 = ___   6 · 7 = ___   3 · 6 = ___
   16 : 4 = ___   __ : __ = __   __ : __ = __   __ : __ = __

✽ 3 Finde passende Geteiltaufgaben. Das Ergebnis ist …

a) … gleich 5.   b) … gleich 6.   c) … kleiner als 4.   d) … größer als 7.

   __ : __ = 5   __ : __ = 6   __ : __ < 4   __ : __ > 7
   __ : __ = 5   __ : __ = 6   __ : __ < 4   __ : __ > 7
   __ : __ = 5   __ : __ = 6   __ : __ < 4   __ : __ > 7
   __ : __ = 5   __ : __ = 6   __ : __ < 4   __ : __ > 7

4 Teilen mit Rest. Schreibe immer zwei Aufgaben.

a)    b)   c)   d)

   16 : 5 = 3 R1   _____   _____   _____
   3 · 5 + 1 = ___   _____   _____   _____

5 Schöne Päckchen.

a) 17 : 2 = ___   b) 17 : 4 = ___   c) 9 : 8 = ___   d) 11 : 9 = ___
   18 : 2 = ___   18 : 4 = ___   18 : 8 = ___   22 : 9 = ___
   19 : 2 = ___   19 : 4 = ___   27 : 8 = ___   33 : 9 = ___
   20 : 2 = ___   20 : 4 = ___   36 : 8 = ___   44 : 9 = ___

1, 2 Multiplikation und Division als Umkehroperationen herausarbeiten und als Probe nutzen.   3 Divisionsaufgaben finden.
4, 5 Division mit Rest. Beziehungen zwischen den Aufgaben herstellen und nutzen.

→ Schülerbuch, Seiten 14/15   → Verstehen und Trainieren 3, Seiten 6/7   → Vernetzen und Automatisieren 3, Seiten 3–5

Verdoppeln und Halbieren

1 Verdopple. Schreibe deinen Rechenweg auf.

a) 28   b) 47   c) 19

_____   _____   _____

_____   _____   _____

2 Halbiere. Schreibe deinen Rechenweg auf.

a) 32   b) 76   c) 58

_____   _____   _____

_____   _____   _____

3 Verdopple.

a) 20 + 20 = ___   b) 30 + 30 = ___   c) 40 + 40 = ___   d) 40 + 40 = ___

   6 + 6 = ___   7 + 7 = ___   5 + 5 = ___   8 + 8 = ___

26 + 26 = ___   37 + 37 = ___   45 + 45 = ___   48 + 48 = ___

4 Halbiere.

a) 40 = 20 + 20   b) 90 = _____   c) 50 = _____   d) 30 = _____

   6 = 3 + 3   8 = _____   8 = _____   8 = _____

46 = _____   98 = _____   58 = _____   38 = _____

5 Rechne aus und vergleiche die Zahlenmauern.

a) 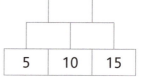   b)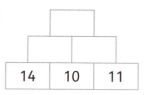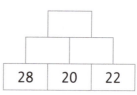

c) Was fällt dir auf?

_____

_____

6 Finde Zahlenmauern wie in Aufgabe 5.

a) 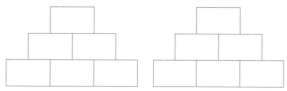   b)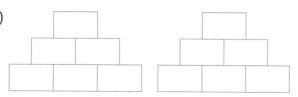

1–6 Verdoppeln und Halbieren.

→ Schülerbuch, Seiten 16/17   → Verstehen und Trainieren 3, Seiten 2/3   → Vernetzen und Automatisieren 3, Seiten 6/7

Rückblick

1 Einfache Aufgaben.

a) 45 + 30 = ___
47 + 30 = ___
49 + 30 = ___

b) 36 + 5 = ___
56 + 5 = ___
76 + 5 = ___

c) 73 − 10 = ___
73 − 21 = ___
73 − 32 = ___

d) 66 − 8 = ___
76 − 8 = ___
86 − 8 = ___

2 **S**chrittweise (S), **Z**ehner und **E**iner extra (ZE) oder **H**ilfsaufgabe (H)? Wie rechnest du?

| 5 | 8 | + | 3 | 7 | = |

| 4 | 6 | + | 2 | 9 | = |

| 9 | 3 | − | 4 | 5 | = |

| 8 | 3 | − | 5 | 5 | = |

3 Schöne Päckchen. Was fällt dir auf? Setze fort.

a) 45 + 10 = ___
40 + 14 = ___
35 + 18 = ___
30 + 22 = ___
___
___

b) 88 − 38 = ___
86 − 35 = ___
84 − 32 = ___
82 − 29 = ___
___
___

4 Rechne immer erst die einfache Aufgabe. Kreuze an.

a) 4 · 7 = ___
X 5 · 7 = ___
6 · 7 = ___

b) 5 · 6 = ___
6 · 6 = ___
7 · 6 = ___

c) 3 · 4 = ___
5 · 4 = ___
8 · 4 = ___

d) 9 · 7 = ___
9 · 5 = ___
9 · 8 = ___

e) 7 · 2 = ___
7 · 3 = ___
7 · 4 = ___

5 Rechne immer erst die einfache Aufgabe. Kreuze an.

a) X 30 : 3 = ___
27 : 3 = ___

b) 80 : 8 = ___
72 : 8 = ___

c) 36 : 6 = ___
30 : 6 = ___

d) 20 : 2 = ___
18 : 2 = ___

e) 60 : 6 = ___
54 : 6 = ___

f) 49 : 7 = ___
42 : 7 = ___

g) 25 : 5 = ___
30 : 5 = ___

h) 70 : 7 = ___
63 : 7 = ___

Wesentliche Aspekte des Kapitels noch einmal reflektieren.

Forschen und Finden: Zahlengitter

1 Zahlengitter mit den Pluszahlen 6 und 7. Rechne und vergleiche.

a)
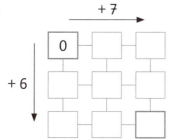 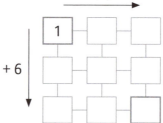 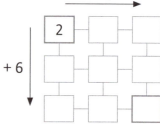

b)
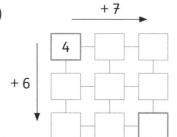 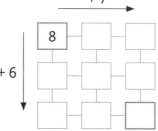 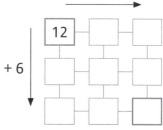

2 Zahlengitter mit der Startzahl 0. Rechne und vergleiche.

a)
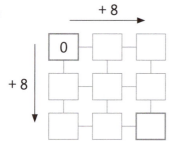 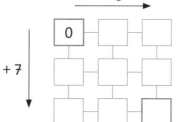 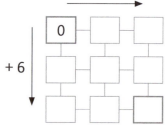

b)
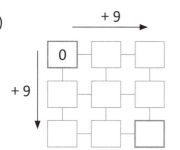 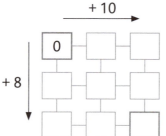 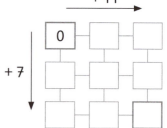

3 Finde Zahlengitter mit der Startzahl 0 und der Zielzahl 12. Was fällt dir auf?

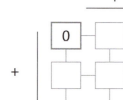 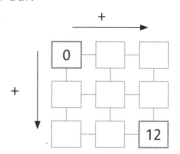

10   Bildungsregel für das Aufgabenformat Zahlengitter anwenden.   **1–3** Operative Veränderungen an den Zahlengittern erkunden.

→ Schülerbuch, Seite 19   → Probieren und Kombinieren 3, Seiten 6–9

Mit Geld rechnen

1 Wie viel Euro? Schreibe den Betrag in die Tabelle und mit Komma.

	10 €	1 €	10 ct	1 ct	
		3	2	5	3,25 €
					_____
					_____
					_____
					_____
					_____

2 Verbinde.

Eric: „Vier Euro und sechs Cent."

Lena: „Vier Euro sechzig."

Lilly: „Vierundsechzig Cent."

0,64 €   4,06 €   4,60 €

8,20 €   2,80 €   0,28 €

Ben: „Zwei Euro und achtzig Cent."

Anna: „Acht Euro zwanzig."

Finn: „Achtundzwanzig Cent."

3 Schreibe mit Komma.

Zwölf Euro siebenunddreißig.   Zwölf Euro und sieben Cent.   Zwölf Euro siebzig.   Siebzehn Euro und zweiunddreißig Cent.

_____   _____   _____   _____

1 Geldbeträge in die Stellentafel eintragen und Kommaschreibweise üben.   2 Geldbeträge zuordnen.   3 Geldbeträge mit Komma schreiben.

→ Schülerbuch, Seiten 20/21   → Verstehen und Trainieren 3, Seite 12   → Probieren und Kombinieren 3, Seiten 4/5

Mit Geld rechnen

1 Setze die Preislisten fort.

Bratwurst:	
1	2,10 €
2	4,20 €
3	
4	
5	
6	
7	
8	

Frikadellen:	
1	2,40 €
2	
3	
4	
5	
6	
7	
8	

Limo:	
1	1,50 €
2	
3	
4	
5	
6	
7	
8	

Imbiss
- Bratwurst 2,10 €
- Frikadelle 2,40 €
- Brötchen 0,50 €
- Senf 0,30 €
- Ketchup 0,30 €
- Limo 1,50 €

2 Wie viel kostet es?

a)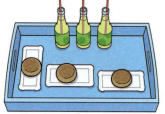

b)

c)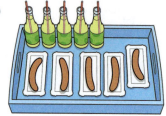

d)

e)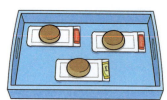

3 Was können die Kinder gekauft haben?

a) Kim bezahlt 6,30 €.

b) Metin bezahlt 5,00 €.

c) Anna bezahlt 4,40 €.

1 Preislisten schreiben. **2** Preise berechnen. **3** Sachaufgaben mit Geld.

→ Schülerbuch, Seiten 20/21

Sachaufgaben

Eintrittspreise:

	Erwachsene	Kinder
2-Stunden-Karte	5,00 €	3,00 €
Tageskarte	8,00 €	5,00 €

Tauchring 4,50 €
Schwimmbrett 10,50 €
Schwimmreifen 5,50 €
Badekappe 6,50 €

1 Schreibe die Rechnungen.

a)

3,00 € + _____

b)

_____

2 Welche Fragen kannst du beantworten? Kreuze an.

Eric, Sophie und Paula gehen 2 Stunden schwimmen. Jeder kauft sich einen Tauchring.

☐ Reichen 15 € für den Eintritt?
☐ Um wie viel Uhr verlassen sie das Schwimmbad?
☐ Wie viel Euro kosten die Tauchringe zusammen?
☐ Kann Eric sich noch ein Schwimmbrett kaufen?

3 Ina, Lilly und Ben üben für das Schwimmabzeichen in Silber.

- Startsprung und mindestens 400 m Schwimmen in höchstens 25 Minuten, davon 300 m in Bauch- und 100 m in Rückenlage
- zweimal ca. 2 m Tieftauchen von der Wasseroberfläche mit Heraufholen je eines Gegenstandes
- 10 m Streckentauchen
- Sprung aus 3 m Höhe
- Kenntnis der Baderegeln und der Selbstrettung

a) Die Kinder schwimmen 400 m. Eine Bahn ist 50 m lang.

Wie viele Bahnen müssen die Kinder schwimmen?

Wie viele Bahnen müssen die Kinder davon in Rückenlage schwimmen?

Die Kinder starten um 12.15 Uhr. Wann müssen sie 400 m weit geschwommen sein?

b) Die Kinder üben Streckentauchen.

Ina taucht 8 m 50 cm weit. Wie viel fehlt noch?

Lilly fehlen noch 1 m und 20 cm. Wie weit taucht sie?

Ben taucht 100 cm weiter als Ina. Ist er weit genug getaucht?

1–3 Sachaufgaben auf eigenen Wegen lösen.

→ Schülerbuch, Seiten 22/23

Würfelgebäude

1 Immer 2 Baupläne gehören zum gleichen Gebäude. Verbinde.

1		
2	2	1

	3	2
		1

3		
2	1	

		1
		2
	1	2

	1	
1	1	
2		

	1	
	2	
	1	2

2	1
3	

		2
1	2	1

	1	
1	2	
1		

2	1
1	1

1	1	
	2	1

	1	
3	2	

2 Zeichne die Baupläne aus der Sicht der Kinder.

3	3
2	1

Lena

Esra

Max

Till

3 Ein Bauplan stimmt nicht. Welcher? Zeichne neu.

3	1
1	2

Lena

1	1
2	3

Esra

2	1
1	3

Max

1	2
3	1

Till

Der Bauplan von _____ stimmt nicht.

Der Bauplan muss so aussehen:

Zählen, Bündeln und Schätzen

1 Wie heißen die Zahlen? Denke an das Bündeln.

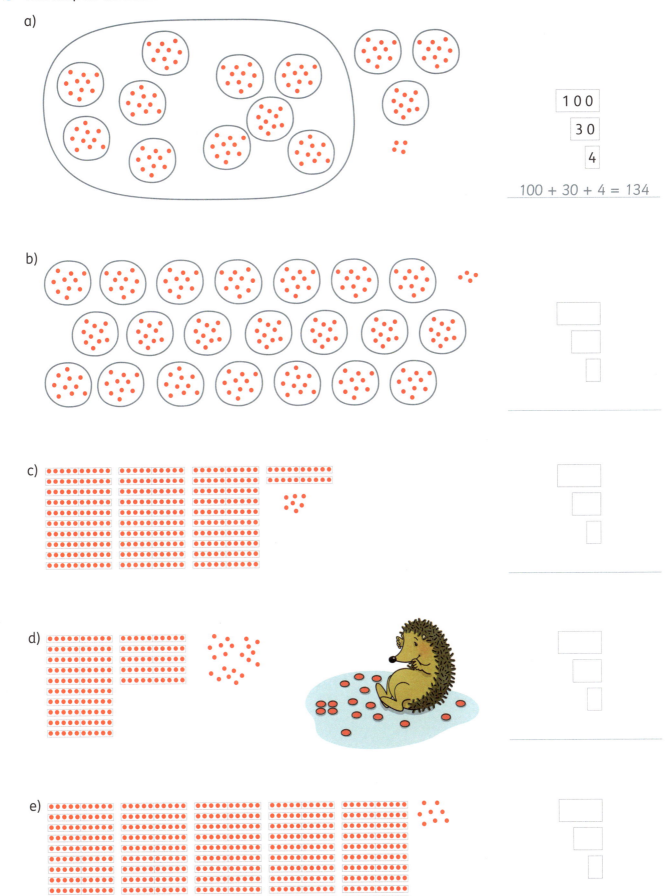

100
30
4

100 + 30 + 4 = 134

Die Zahlen bis 1 000

1 Wie heißen die Zahlen? Vergleiche.

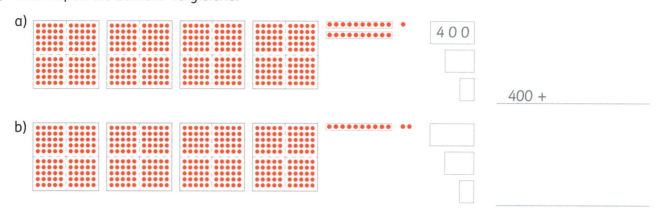

400 +

2 Wie heißen die Zahlen? Schreibe als Aufgabe und als Zahl.

a)

200 + 30 + 5 =

b)

c)

d)

e)

f)

g)

h)

i)

3 Schreibe in die Zahlenkarten und zeichne die Zahlbilder.

a) 314   300

b) 134

c) 233

d) 322

e) 143

f) 341

1–3 Lesen und Zeichnen von Zahlbildern, ggf. Zahlenkarten zur Veranschaulichung des Zahlsymboles nutzen.

→ Schülerbuch, Seiten 28/29   → Verstehen und Trainieren 3, Seiten 8/9

Die Stellentafel

1 Zeichne die Zahlbilder und schreibe die Zahlen.

a) | H | Z | E |
   |---|---|---|
   | 2 | 1 | 3 |

   213

b) | H | Z | E |
   |---|---|---|
   | 2 | 2 | 3 |

c) | H | Z | E |
   |---|---|---|
   | 1 | 0 | 2 |

d) | H | Z | E |
   |---|---|---|
   | 1 | 2 | 2 |

e) | H | Z | E |
   |---|---|---|
   | 5 | 5 | 0 |

2 Schreibe die Zahlen in die Stellentafel.

a) | H | Z | E |
   |---|---|---|
   | 3 | 2 | 0 |

b), c), d), e), f), g), h)

3 Schreibe immer beide Zahlen in die Stellentafel.

a) 700 + 50 + 1
   100 + 50 + 7

H	Z	E
7	5	1
1	5	7

b) 100 + 60 + 3
   300 + 60 + 1

c) 3 + 20 + 500
   500 + 30 + 2

d) 400 + 60
   40 + 600

4 Was bedeutet die fett gedruckte Ziffer?

a) 8**4**5   4Z
   485 ___
   13**4** ___

b) 3**4**9 ___
   333 ___
   12**4** ___

c) **5**39 ___
   5**3**9 ___
   53**9** ___

d) **1**87 ___
   1**8**7 ___
   18**7** ___

e) **4**01 ___
   4**0**1 ___
   40**1** ___

1–4 Rolle der Null bei unbesetzten Stellen im Zahlbild erkennen, Aufgabenpaare vergleichen, Veränderungen markieren.

17

→ Schülerbuch, Seiten 30/31

Das Tausenderfeld

1 Welche Zahlen? Trage die Zahlen in die Stellentafel ein und schreibe die Zahlen.

a)

b)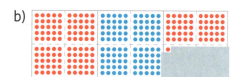

c)

2 Welche Zahlen? Trage die Zahlen in die Stellentafel ein und schreibe die Zahlen.

a)

b)

c)

3 Zerlege in Hunderter, Zehner und Einer.

a) 709 = 700 +   9
    790 = 700 + 90
    907 = 900 +   7

b) 751 = _____
    175 = _____
    517 = _____

c) 163 = _____
    613 = _____
    361 = _____

d) 456 = _____
    654 = _____
    645 = _____

e) 460 = _____
    406 = _____
    640 = _____

f) 325 = _____
    523 = _____
    253 = _____

1, 2 Zahlen in die Stellentafel eintragen, Zahl notieren.   3 Zahlen in Hunderter, Zehner und Einer zerlegen.

→ Schülerbuch, Seiten 32/33

Das Tausenderfeld

1 Rechne.

a) 700 + 40 = ____
   700 + 6 = ____
   700 + 46 = ____

b) 400 + 5 = ____
   400 + 70 = ____
   400 + 75 = ____

c) 600 + 60 = ____
   660 + 7 = ____
   600 + 67 = ____

d) 600 + 70 = ____
   670 + 6 = ____
   676 − 76 = ____

e) 500 + 4 = ____
   504 + 30 = ____
   534 − 34 = ____

f) 900 + 80 = ____
   980 + 7 = ____
   987 − 87 = ____

2 < oder > oder =? Setze ein.

a) 347 ○ 437
   768 ○ 1000
   407 ○ 504
   201 ○ 102

b) 51 ○ 510
   802 ○ 82
   470 ○ 407
   208 ○ 280

c) 909 ○ 999
   999 ○ 990
   990 ○ 99
   990 ○ 909

d) 417 + 100 ○ 500
   625 − 100 ○ 500
   912 + 100 ○ 1000
   850 + 150 ○ 1000

3 Immer 500. Immer 1 000. Vergleiche.

a) Immer 500.
490 + ____
390 + ____
380 + ____
280 + ____

Immer 1 000.
490 + ____
390 + ____
380 + ____
280 + ____

b) Immer 500.
250 + ____
125 + ____
500 + ____
50 + ____

Immer 1 000.
250 + ____
125 + ____
500 + ____
50 + ____

4 Immer 1 000. Schöne Päckchen. Setze fort. Was fällt dir auf?

a) 1 000 = 900 + ____
   1 000 = 800 + ____
   1 000 = 700 + ____
   ____ = ____ +
   ____ = ____ +

b) 1 000 = 880 + ____
   1 000 = 890 + ____
   1 000 = 900 + ____
   ____ = ____ +
   ____ = ____ +

c) 1 000 = 989 + ____
   1 000 = 988 + ____
   1 000 = 987 + ____
   ____ = ____ +
   ____ = ____ +

5 Wie heißen die Zahlen?

a) Die Zahl ist die Hälfte von 800. ____
b) Die Zahl ist das Doppelte von 150. ____
c) Die Zahl ist um 100 kleiner als 1 000. ____
d) Die Zahl ist um 500 größer als 500. ____
e) Die Zahl ist doppelt so groß wie 400. ____
f) Die Zahl ist halb so groß wie 1 000. ____

1 Zahlen aus Hundertern, Zehnern und Einern zusammensetzen und auf eine Hunderterzahl reduzieren.
2 Zahlen vergleichen. **3** Am Tausenderbuch Ergänzungsaufgaben durchführen, Zerlegungen der 500 und 1 000 miteinander vergleichen. **5** Zahlenrätsel lösen.

→ Schülerbuch, Seiten 32/33 → Vernetzen und Automatisieren 3, Seite 13

Der Zahlenstrahl bis 1 000

1 Welche Zahlen? Trage ein.

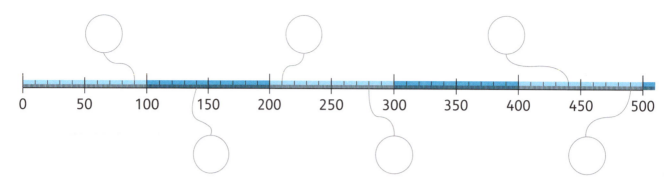

2 Welche Zahlen? Verbinde.

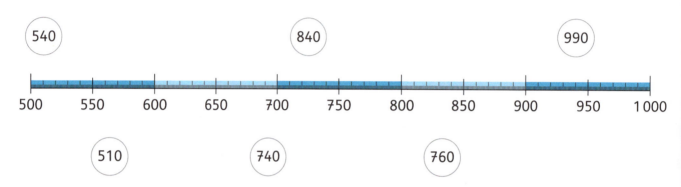

3 Nachbarzahlen.

a) _99_, 100, _101_   b) ____, 400, ____   c) ____, 777, ____   d) ____, 909, ____
____, 111, ____   ____, 420, ____   ____, 700, ____   ____, 990, ____
____, 234, ____   ____, 398, ____   ____, 799, ____   ____, 999, ____

4 Nachbarzahlen. Zurück zum Vorgänger und vorwärts zum Nachfolger.

a) 600 − 1 = ____   b) 500 − 1 = ____   c) 399 − 1 = ____   d) 333 − 1 = ____
600 + 1 = ____   500 + 1 = ____   399 + 1 = ____   333 + 1 = ____

5 Nachbarzehner. Zurück zur Zehnerzahl. Vorwärts zur Zehnerzahl.

a) 412 − ____ = 410   b) 537 − ____ = 530   c) 174 − ____ = 170
412 + ____ = 420   537 + ____ = 540   174 + ____ = 180

6 Nachbarhunderter. Zurück zum Nachbarhunderter. Vorwärts zum Nachbarhunderter.

a) 580 − ____ = 500   b) 795 − ____ = 700   c) 930 − ____ = 900
580 + ____ = 600   795 + ____ = 800   930 + ____ = 1 000

d) 105 − ____ = 100   e) 555 − ____ = 500   f) 545 − ____ = 500
105 + ____ = 200   555 + ____ = 600   545 + ____ = 600

1–6 Aufgaben mithilfe des Zahlenstrahls lösen.

→ Schülerbuch, Seiten 34/35   → Vernetzen und Automatisieren 3, Seiten 10/11

Der Rechenstrich

1 Trage die Zahlen ungefähr am Rechenstrich ein.

a) 305, 301, 315, 312, 319

b) 525, 555, 522, 505, 537

c) 878, 877, 880, 870, 892

2 Welche Zahl passt? Verbinde.

a)    b)

c) 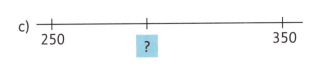   d)

3 Ergänze am Rechenstrich bis 1 000.

a) 871 + ____ = 1 000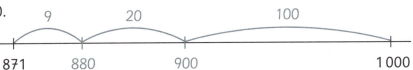

b) 718 + ____ = 1 000

c) 187 + ____ = 1 000

d) 178 + ____ = 1 000

1, 2 Zahlen ungefähr am Rechenstrich verorten. **3** Ergänzen bis 1000 am Rechenstrich; erst bis zum Nachbarzehner, dann zum Nachbarhunderter, dann bis zur 1 000.

Rückblick

1 Schreibe die Zahlen.

a)

H	Z	E

b)

H	Z	E

2 Zeichne die Zahlbilder und zerlege.

a) 323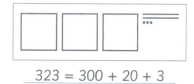

323 = 300 + 20 + 3

b) 232

c) 140

d) 205

3 Zahlen vergleichen: < oder > oder = ?

a) 505 ◯ 550   b) 73 ◯ 730   c) 225 ◯ 220   d) 3H, 4Z ◯ 340

515 ◯ 505   704 ◯ 740   250 ◯ 205   3E, 4H ◯ 430

530 ◯ 513   734 ◯ 743   225 ◯ 275   3H, 4Z, 8E ◯ 430

4 a) Nachbarzahlen.   b) Nachbarzehner.   c) Nachbarhunderter.

___, 220, ___   ___, 220, ___   ___, 220, ___

___, 480, ___   ___, 480, ___   ___, 480, ___

___, 972, ___   ___, 972, ___   ___, 972, ___

5 Zähle in Schritten.

a) Immer + 100: 0, 100, 200, 300, ___, ___, ___, ___, ___, ___, ___

5, 105, ___, ___, ___, ___, ___, ___, ___, ___

b) Immer − 100: 1 000, 900, ___, ___, ___, ___, ___, ___, ___, ___, ___

840, 740, ___, ___, ___, ___, ___, ___

Wesentliche Aspekte des Kapitels noch einmal reflektieren.

→ Schülerbuch, Seite 38

Forschen und Finden: Die Stellentafel

1 Welche Zahl?

a) H Z E — 5 1 · 3 · 5 4
b) H Z E — 1 · 5 · 5 5
c) H Z E — 3 · · 5
d) H Z E — 3 · 6 · 4 1
e) H Z E — 5 · 5 · 1
f) H Z E — 3 · 5 ·
g) H Z E — 5 5 1
h) H Z E — 5 · 4 ·
i) H Z E — 4 · 5 1

2 Lege 1 Plättchen dazu. Welche Zahlen können es sein?

a) H Z E → 523
  524
  533

b) H Z E → 325

c) H Z E → 503

3 Nimm ein Plättchen weg. Welche Zahlen können es sein?

a) H Z E → 421
  321

b) H Z E → 412

c) H Z E → 214

4 Verschiebe ein Plättchen. Welche Zahlen können es sein?

a) H Z E → 208

b) H Z E → 280

c) H Z E → 802

1–4 Ausgangszahlen durch Hinzufügen, Wegnehmen oder Verschieben von Plättchen verändern; passende Rechnungen notieren.

→ Schülerbuch, Seite 39   → Probieren und Kombinieren 3, Seiten 16/17

Längen: Zentimeter und Meter

1 Zeichne die Strecken.

a) 2 cm b) 3 cm c) 4 cm d) 5 cm e) 6 cm f) 7 cm

2 Zeichne die Strecken.

a) 0,10 m b) 0,05 m c) 0,04 m d) 0,03 m e) 0,02 m f) 0,01 m

3 Ordne der Länge nach. Beginne mit der kleinsten Länge.

| 2 m | ~~0,22 m~~ | ~~12 cm~~ | 222 cm | 122 cm | 1,02 m | 1,20 m | 202 cm |

_12 cm_ < _0,22 m_ < ___ < ___ < ___ < ___ < ___ < ___

4 Schreibe auf verschiedene Weisen.

a)
8 m 60 cm		
	680 cm	
		8,06 m

b)
	608 cm	
		0,86 m
0 m 68 cm		

5 Setze ein: cm oder m?

a) Eric ist 225 ___ weit gesprungen.

b) Finn ist 5 ___ weiter als Eric gesprungen.

c) Esra ist 1,91 ___ weit gesprungen.

d) Lilly ist 2,03 ___ weit gesprungen.

e) Wäre Anna 2 ___ weiter gesprungen, hätte sie 10 Punkte bekommen.

f) Sophie ist 211 ___ weit gesprungen.

6 Setze ein: cm oder m?

a) Der Frosch ist nur 5 ___ groß. Er kann aber 1,80 ___ weit springen.

b) Das Eichhörnchen ist nur 0,20 ___ groß. Aber es kann 90 ___ weit springen.

c) Die Waldmaus ist nur 0,08 ___ groß. Sie kann aber 200 ___ weit springen.

1, 2 Strecken zeichnen. 3 Längen der Größe nach ordnen. Mit der kleinsten beginnen. 4 Verschiedene Schreibweisen für eine vorgegebene Strecke notieren. 5, 6 Richtige Längenmaße einsetzen: cm oder m.

→ Schülerbuch, Seiten 42/43

Längen: Zentimeter und Millimeter

1 Zeichne die Strecken.

a) 25 mm   b) 45 mm   c) 65 mm   d) 85 mm   e) 105 mm

2 Zeichne die Strecken.

a) 2 cm 5 mm   b) 1 cm 7 mm   c) 4 cm 5 mm   d) 0 cm 3 mm   e) 6 cm 2 mm

3 Ordne der Länge nach. Beginne mit der kleinsten Länge.

a) 3 cm 1 mm   23 mm   40 mm   3 cm 8 mm   12 cm   ~~11 mm~~

   11 mm < _____ < _____ < _____ < _____ < _____

b) 10 mm   1 cm 1 mm   11 cm   1 mm   100 mm   100 cm

   _____ < _____ < _____ < _____ < _____ < _____

4 Setze ein: mm oder cm?

a) Eine Blattlaus ist ungefähr 5 _____ lang.

b) Eine Hummel ist ungefähr 2 _____ lang.

c) Eine Wespe ist ungefähr 12 _____ lang.

d) Eine Fliege ist ungefähr 1 _____ lang.

5 Setze ein: mm oder cm?

a) Der Distelfalter hat eine Flügelspannweite von 5 _____ und 2 _____ .

b) Das Tagpfauenauge hat eine Flügelspannweite von 6 _____ .

c) Der Distelfalter hat eine Körperlänge von 26 _____ .

d) Eine Schmetterlingsraupe kann bis zu 40 _____ groß werden.

1, 2 Strecken zeichnen.   3 Längen der Größe nach ordnen. Mit der kleinsten beginnen.   4, 5 Richtiges Längenmaß einsetzen: mm oder cm.

→ Schülerbuch, Seiten 44/45

Einfache Aufgaben

1 Mit Hundertern rechnen.

a) 100 + 34 = ___   200 + 34 = ___   300 + 34 = ___

   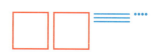   

b) 100 + 48 = ___   c) 57 + 200 = ___   d) 179 − 100 = ___   e) 633 − 200 = ___
   300 + 48 = ___   57 + 400 = ___   279 − 100 = ___   633 − 300 = ___
   500 + 48 = ___   57 + 600 = ___   379 − 100 = ___   633 − 400 = ___
   700 + 48 = ___   57 + 800 = ___   479 − 100 = ___   633 − 500 = ___

2 Mit Zehnern rechnen.

a) 114 + 20 = ___   214 + 20 = ___   314 + 20 = ___

   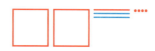   

b) 156 + 30 = ___   c) 417 + 30 = ___   d) 198 − 10 = ___   e) 385 − 20 = ___
   356 + 30 = ___   417 + 50 = ___   198 − 20 = ___   585 − 40 = ___
   556 + 30 = ___   417 + 70 = ___   198 − 30 = ___   785 − 60 = ___
   756 + 30 = ___   417 + 90 = ___   198 − 40 = ___   985 − 80 = ___

3 Mit Einern rechnen.

a) 131 + 4 = ___   231 + 4 = ___   331 + 4 = ___

   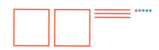   

b) 341 + 5 = ___   c) 783 + 3 = ___   d) 189 − 2 = ___   e) 787 − 1 = ___
   541 + 5 = ___   783 + 5 = ___   189 − 4 = ___   787 − 3 = ___
   741 + 5 = ___   783 + 7 = ___   189 − 6 = ___   787 − 5 = ___
   941 + 5 = ___   783 + 9 = ___   189 − 8 = ___   787 − 7 = ___

4 Einfache Aufgaben.

a) 143 + 4 = ___   143 + 20 = ___   143 + 24 = ___

b) 532 + 4 = ___   c) 245 + 3 = ___   d) 178 − 5 = ___   e) 457 − 6 = ___
   532 + 30 = ___   245 + 50 = ___   178 − 40 = ___   457 − 20 = ___
   532 + 34 = ___   245 + 53 = ___   178 − 45 = ___   457 − 26 = ___

 1–4 Strukturen aus dem Hunderterraum auf einfache Aufgaben im Tausenderraum übertragen.

→ Schülerbuch, Seiten 46/47   → Verstehen und Trainieren 3, Seiten 20–24   → Vernetzen und Automat. 3, Seiten 17–33

Verdoppeln und Halbieren

1 Verdopple.

a) 273 + 273 =
200 + 200 = 400
70 + 70 = 140
3 + 3 = 6

b) 267 + 267 = ___

c) 391 + 391 = ___

d) 435 + 435 = ___

e) 107 + 107 = ___

2 Halbiere.

a) 452 = ___ + ___
400 = 200 + 200
50 = 25 + 25
2 = 1 + 1

Ich rechne mit Geld und wechsle um.

Metin

b) 248 = ___ + ___

c) 682 = ___ + ___

d) 518 = ___ + ___

e) 710 = ___ + ___

f) 408 = ___ + ___

g) 450 = ___ + ___

3 a) Lea hat 576 Euro auf ihrem Sparkonto.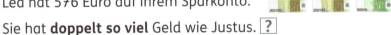
Sie hat **doppelt so viel** Geld wie Justus. ?

b) Jan hat 248 Euro.
Er hat **halb so viel** Geld wie Julia. ?

1, 2 Stellengerechtes Verdoppeln und Halbieren vertiefen.   3 Fragen zu Textaufgaben finden und beantworten.

Rechenwege bei der Addition

1 Rechne wie Marta oder wie Anton. 324 + 435

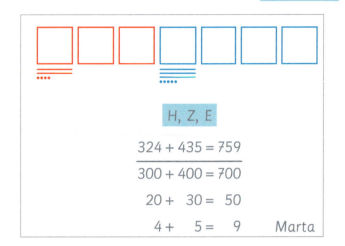
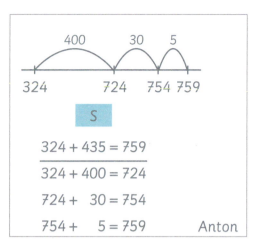

a) 324 + 435 = ____

b) 362 + 237 = ____

c) 641 + 138 = ____

d) 685 + 232 = ____

e) 429 + 358 = ____

f) 491 + 153 = ____

2 Schrittweise. Rechne und zeichne am Rechenstrich.

a) 125 + 342 = ____

b) 642 + 135 = ____

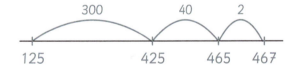

c) 352 + 138 = ____

d) 634 + 137 = ____

3 Hilfsaufgaben. Rechne und zeichne am Rechenstrich.

a) 126 + 198 = ____

b) 485 + 299 = ____

1–3 Halbschriftliche Strategien auf den Tausenderraum übertragen.

→ Schülerbuch, Seiten 50/51

Rechenwege bei der Subtraktion

1 Rechne wie Mila oder wie Eric.   364 – 156

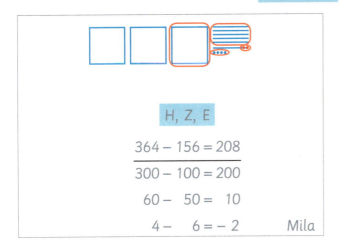
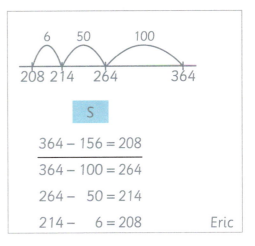

a) 364 – 156 = ____

b) 576 – 143 = ____

c) 482 – 351 = ____

d) 684 – 256 = ____

e) 463 – 125 = ____

f) 738 – 257 = ____

2 Schrittweise. Rechne und zeichne am Rechenstrich.

a) 437 – 135 = ____

b) 518 – 326 = ____

c) 543 – 176 = ____

d) 435 – 257 = ____

3 Hilfsaufgaben. Rechne und zeichne am Rechenstrich.

a) 465 – 128 = ____

b) 531 – 199 = ____

1–3 Halbschriftliche Strategien auf den Tausenderraum übertragen.

Abziehen und Ergänzen

1 Wie ergänzt du? Zeichne den Rechenweg am Rechenstrich ein.

a) 129 + ____ = 365

|———————————————————————
129

b) 236 + ____ = 365

|———————————————————————
236

c) 258 + ____ = 730

|———————————————————————
258

d) 472 + ____ = 730

|———————————————————————
472

e) 583 + ____ = 841

|———————————————————————
583

2 Ergänzen. Schreibe die fehlenden Zahlen an den Rechenstrich.

a)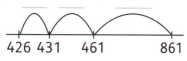

426 + ____ = 861

b)

389 + ____ = 726

c)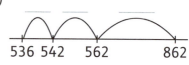

536 + ____ = 862

d)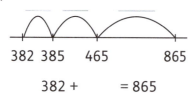

382 + ____ = 865

e)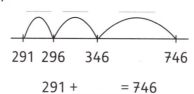

291 + ____ = 746

f)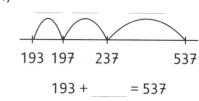

193 + ____ = 537

3 Abziehen. Schreibe die fehlenden Zahlen an den Rechenstrich.

a)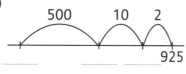

925 − 512 = ____

b)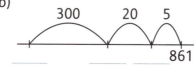

861 − 325 = ____

c)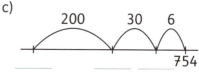

754 − 236 = ____

1–3 Ergänzungsstrategien vertiefen und dann zunehmend bewusst wählen.

→ Schülerbuch, Seiten 54/55   → Verstehen und Trainieren 3, Seite 25   → Vernetzen und Automat. 3, Seite 12

Rückblick

1 Beginne immer mit einer einfachen Aufgabe. Kreuze sie an und vergleiche.

a) 157 + 195 = ____
157 + 200 = ____
157 + 205 = ____

b) 144 + 153 = ____
147 + 153 = ____
150 + 150 = ____

c) 479 − 200 = ____
479 − 198 = ____
479 − 196 = ____

d) 736 − 55 = ____
736 − 5 = ____
736 − 105 = ____

2 Verdopple 362.

3 Halbiere 352.

4 Rechne mit einer **H**ilfsaufgabe. Zeichne am Rechenstrich.

a) 387 + 198 = ____

b) 496 + 99 = ____

c) 732 − 298 = ____

d) 950 − 348 = ____

5 Ergänze und zeichne am Rechenstrich.

a) 341 + ____ = 752

b) 297 + ____ = 543

341

297

6 Wie rechnest du? Schreibe deinen Rechenweg auf oder zeichne einen Rechenstrich.

a) 3 1 4 + 2 5 8 =

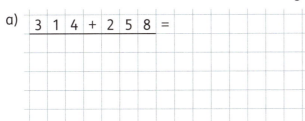

b) 4 3 6 − 2 2 9 =

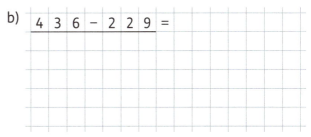

Wesentliche Aspekte des Kapitels noch einmal reflektieren.

→ Schülerbuch, Seite 56

Forschen und Finden: Zahlenpaare am Tausenderbuch

1 Addiere immer die beiden Zahlen. Vergleiche die Summen. Was fällt dir auf?

a)
323	324	325
■	■	■
343	344	345

323 + ___ = ___   ___ + ___ = ___   ___ + ___ = ___

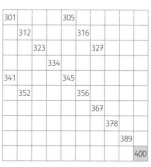

b)
312	322	332
■	■	■
332	342	352

312 + ___ = ___   ___ + ___ = ___   ___ + ___ = ___

c)
| 332 ■ 334 | 333 ■ 335 | 334 ■ 336 | 335 ■ 337 |

___ + ___ = ___   ___ + ___ = ___   ___ + ___ = ___   ___ + ___ = ___

d)
| 321 ■ 323 | 322 ■ 324 | 323 ■ 325 | 324 ■ 326 |

___ + ___ = ___   ___ + ___ = ___   ___ + ___ = ___   ___ + ___ = ___

2 Findest du immer zwei passende Zahlenpaare zur Summe …

a) … 678?   ☐ ■ ☐

___ + ___ = ___

☐
■
☐

___ + ___ = ___

b) … 680?   ☐ ■ ☐

___ + ___ = ___

☐
■
☐

___ + ___ = ___

c) … 648?   ☐ ■ ☐

___ + ___ = ___

☐
■
☐

___ + ___ = ___

d) … 649?   ☐ ■ ☐

___ + ___ = ___

☐
■
☐

___ + ___ = ___

32

1, 2 Summen von Zahlenpaaren mit dem Abstand 2 (20) untersuchen. Die Auffälligkeiten und Vorgehensweisen mündlich besprechen.

→ Schülerbuch, Seite 57   → Verstehen und Trainieren 3, Seiten 10/11   → Vernetzen und Automatisieren 3, Seiten 8/9

Formen aus Quadraten

1 Immer 2 Formen sind gleich. Verbinde.

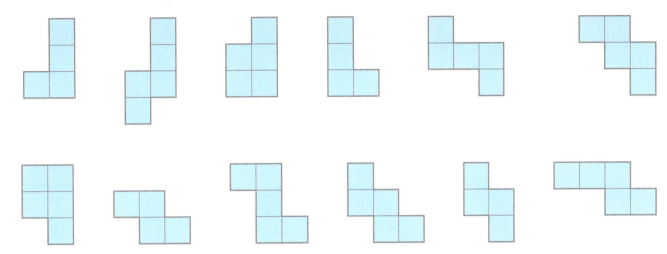

2 Lege die Form mit genau zwei Fünflingen. Finde weitere Lösungen. Zeichne.

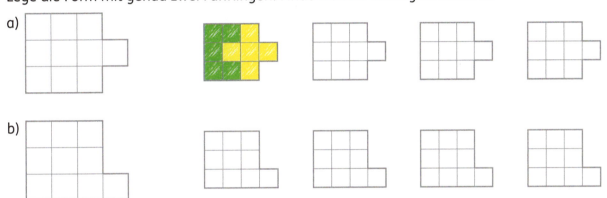

3 Lege immer ein Quadrat um. Markiere, setze fort und zeichne.

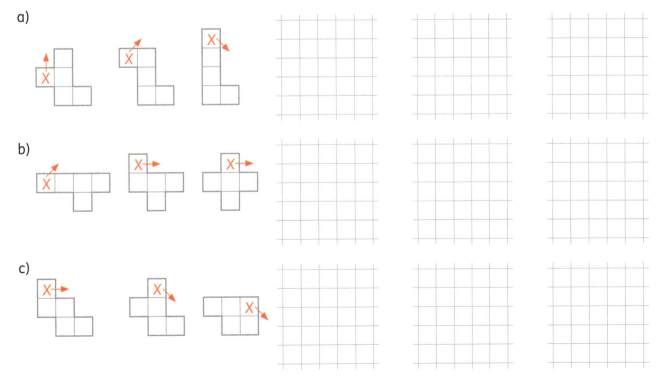

1 Gleiche Formen verbinden. Gespiegelte und gedrehte gelten als gleich.   **2** Form mit genau zwei Fünflingen auslegen. Figur links zum Nachlegen, die weiteren Figuren zum Zeichnen benutzen.   **3** Muster fortsetzen. Vier Quadrate bleiben immer gleich. Das fünfte Quadrat ändert die Position im Uhrzeigersinn. Es wird markiert.

→ Schülerbuch, Seiten 58/59

Würfelnetze

1 Immer zwei Sechslinge zeigen das gleiche Würfelnetz. Verbinde.

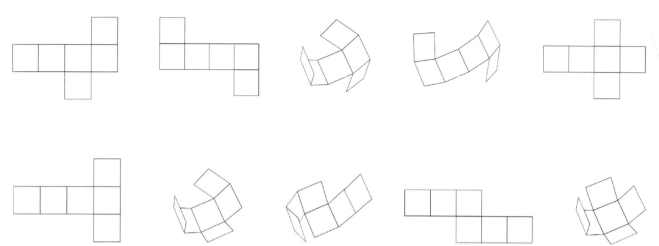

2 Lege zu dem Fünfling immer ein Quadrat hinzu. Welche Sechslinge können entstehen? Zeichne. Welche davon sind Würfelnetze?

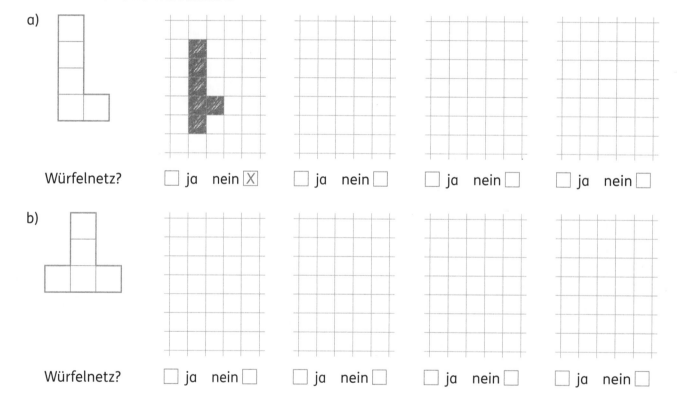

3 Ergänze die Augenzahlen.

a) 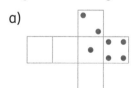   b) 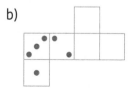   c)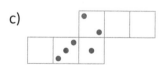

Malaufgaben zerlegen

1 Rechne mit dem Malkreuz.

a) 3 · 15

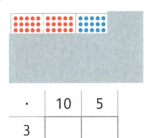

·	10	5
3		

b) 7 · 16

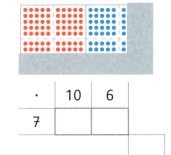

·	10	6
7		

c) 8 · 14

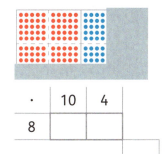

·	10	4
8		

d) 3 · 19

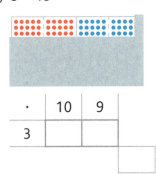

·	10	9
3		

e) 7 · 13

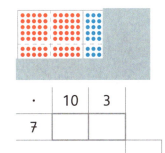

·	10	3
7		

f) 8 · 19

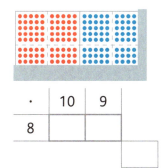

·	10	9
8		

2 Rechne mit dem Malkreuz.

a)
·	10	4
6		

b)
·	10	7
5		

c)
·	10	6
4		

3 Rechne mit dem Malkreuz.

> Ein Dutzend sind 12 Stück.

a) 5 Dutzend

5 · 12 =

·	10	2
5		

b) 7 Dutzend

·		

c) 9 Dutzend

·		

d) Peter kauft für seine Geburtstagsfeier drei Dutzend rote Bonbons und zwei Dutzend blaue Bonbons. Wie viele Bonbons kauft er insgesamt?

1–3 Malaufgaben am 200er-Feld mit Malwinkel in einfache Malaufgaben zerlegen und am Malkreuz darstellen.

→ Schülerbuch, Seiten 62/63   → Verstehen und Trainieren 3, Seiten 26/27

Malaufgaben zerlegen

1 Schöne Päckchen.

a) 2 · 9 = ____   6 · 2 = ____   7 · 2 = ____   2 · 8 = ____   5 · 2 = ____
    4 · 9 = ____   6 · 4 = ____   7 · 4 = ____   4 · 8 = ____   5 · 4 = ____
    8 · 9 = ____   6 · 8 = ____   7 · 8 = ____   8 · 8 = ____   5 · 8 = ____
   16 · 9 = ____   6 · 16 = ____ 7 · 16 = ____ 16 · 8 = ____ 5 · 16 = ____

b) 3 · 7 = ____   9 · 3 = ____   8 · 3 = ____   3 · 6 = ____   3 · 5 = ____
    6 · 7 = ____   9 · 6 = ____   8 · 6 = ____   6 · 6 = ____   6 · 5 = ____
    9 · 7 = ____   9 · 9 = ____   8 · 9 = ____   9 · 6 = ____   9 · 5 = ____
   12 · 7 = ____   9 · 12 = ____ 8 · 12 = ____ 12 · 6 = ____ 12 · 5 = ____

2 Die Kinder rechnen 18 · 6.

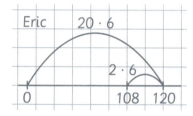

Wie rechnest du? Schreibe deinen Rechenweg auf.

a) 15 · 6 = ____

b) 3 · 18 = ____

c) 13 · 7 = ____

d) 4 · 17 = ____

e) 14 · 8 = ____

f) 6 · 16 = ____

1, 2 Rechenwege zu großen Malaufgaben erkunden, anwenden und zuordnen. 1 Verdopplungsaufgaben sehen und geschickt nutzen (ggf. letzte Aufgabe in Serie mit dem Malkreuz berechnen).

→ Schülerbuch, Seiten 62/63

Das Zehnereinmaleins

1 Multipliziere mit Einern und Zehnern.

a)

3 · 5 = ___
3 · 50 = ___

b)

6 · 4 = ___
6 · 40 = ___

c) 5 · 8 = ___   d) 7 · 6 = ___   e) 9 · 4 = ___   f) 8 · 7 = ___
5 · 80 = ___   7 · 60 = ___   9 · 40 = ___   8 · 70 = ___

g) 4 · 7 = ___   h) 8 · 3 = ___   i) 6 · 5 = ___   j) 8 · 9 = ___
4 · 70 = ___   8 · 30 = ___   6 · 50 = ___   8 · 90 = ___

2 Rechne zuerst die passende Aufgabe des kleinen Einmaleins.

a) 5 · 6 = ___   b) ___ · ___ = ___   c) ___ · ___ = ___   d) ___ · ___ = ___
5 · 60 = ___   6 · 50 = ___   5 · 70 = ___   9 · 30 = ___

e) ___ · ___ = ___   f) ___ · ___ = ___   g) ___ · ___ = ___   h) ___ · ___ = ___
7 · 60 = ___   6 · 70 = ___   7 · 70 = ___   8 · 80 = ___

3 Rechne Aufgabe und Tauschaufgabe.

3 · 60 = 180   ___ · 70 = 280   ___ · 50 = 500   ___ · 80 = 240
60 · ___ = 180   70 · ___ = 280   50 · ___ = 500   ___ · ___ = 240

___ · 30 = 180   ___ · 40 = 280   ___ · 10 = 500   ___ · 30 = 240
30 · ___ = 180   40 · ___ = 280   10 · ___ = 500   ___ · ___ = 240

4

24 : 4 = ___   48 : 6 = ___   54 : 6 = ___   56 : 8 = ___
240 : 4 = ___   480 : 6 = ___   540 : 6 = ___   560 : 8 = ___
240 : 40 = ___   480 : 60 = ___   540 : 60 = ___   560 : 80 = ___

5 a) 72 : 8 = ___   64 : 8 = ___   48 : 8 = ___   32 : 8 = ___
720 : 8 = ___   640 : 8 = ___   480 : 8 = ___   320 : 8 = ___
720 : 80 = ___   640 : 80 = ___   480 : 80 = ___   320 : 80 = ___

b) 72 : 9 = ___   63 : 9 = ___   45 : 9 = ___   36 : 9 = ___
720 : 9 = ___   630 : 9 = ___   450 : 9 = ___   360 : 9 = ___
720 : 90 = ___   630 : 90 = ___   450 : 90 = ___   360 : 90 = ___

1–5 Zehnerzahlen multiplizieren und dividieren. Aufgaben in Beziehung zueinander und zum kleinen Einmaleins setzen.

→ Schülerbuch, Seiten 64/65   → Verstehen und Trainieren 3, Seiten 30–32

Die Zehnereinmaleins-Tafel

1 Rechne und vergleiche. Male die einfachen Aufgaben an.

a)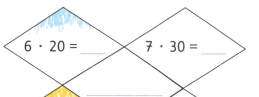
6 · 20 = ___   7 · 30 = ___
5 · 30 = ___   6 · 40 = ___
4 · 40 = ___

b)
8 · 50 = ___   9 · 60 = ___
7 · 60 = ___
6 · 70 = ___

c)
4 · 30 = ___   5 · 40 = ___   6 · 50 = ___
3 · 40 = ___   4 · 50 = ___   5 · 60 = ___

2 Rechne und vergleiche.

| 4 · 30 = ___ | 5 · 70 = ___ | 9 · 30 = ___ | 6 · 40 = ___ | 4 · 90 = ___ |
| 3 · 40 = ___ | 7 · 50 = ___ | 3 · 90 = ___ | 4 · 60 = ___ | 9 · 40 = ___ |

3 Rechne Aufgabe und Umkehraufgabe.

| 36 · 10 = ___ | 10 · 42 = ___ | 3 · 100 = ___ | 7 · 100 = ___ | 60 · 10 = ___ |
| 360 : 10 = ___ | 420 : 10 = ___ | 300 : 100 = ___ | 700 : 100 = ___ | 600 : 10 = ___ |

4 Finde passende Malaufgaben.

120   180   240   200
2 ·

Rechenwege bei der Multiplikation

1 Welche Aufgaben rechnen die Kinder? Verbinde.

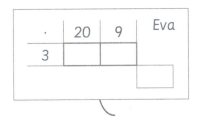
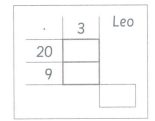
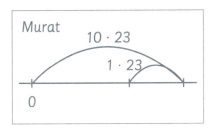

9 · 23   23 · 9   3 · 29   29 · 3

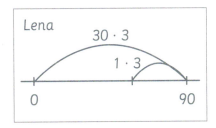
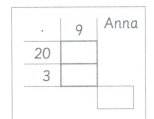
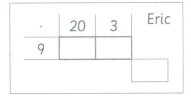

2 Wie rechnest du?

a) 9 · 36   b) 9 · 77   c) 7 · 29

3 Schöne Päckchen. Was fällt dir auf? Setze fort.

a) 3 · 5 = ____   b) 5 · 6 = ____   c) 8 · 80 = ____   d) 4 · 60 = ____
   3 · 15 = ____   5 · 26 = ____   8 · 75 = ____   5 · 50 = ____
   3 · 25 = ____   5 · 46 = ____   8 · 70 = ____   6 · 40 = ____

4 Welche Aufgaben haben das gleiche Ergebnis? Vergleiche und verbinde.

a) 26 + 13   2 · 13   b) 17 + 17   8 · 17
    13 + 13   3 · 13   170 − 34   4 · 17
    26 + 26   4 · 13   34 + 34   2 · 17
   130 − 13   5 · 13   34 + 17   5 · 17
   130 − 26   8 · 13   170 : 2   9 · 17
   130 : 2   9 · 13   170 − 17   3 · 17

1, 2 Rechenwege sichern und anwenden. Beziehungen zwischen mal 10 und mal 9 erkunden.   3 Schöne Päckchen beschreiben und fortsetzen.   4 Großes Einmaleins vertiefen.

→ Schülerbuch, Seiten 68/69

Rückblick

1 Zerlege und rechne.

a) 6 · 15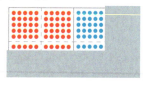
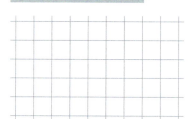

b) 5 · 17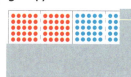
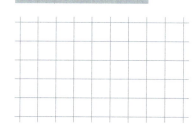

c) 3 · 19

2 Rechne mit dem Malkreuz.

a) 7 · 13 = ___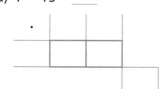

b) 3 · 16 = ___

c) 5 · 18 = ___

3 Mit Zehnern rechnen.

a) 3 · 10 = ___
   30 · 10 = ___
 300 : 10 = ___

b) 40 · 10 = ___
  10 · 40 = ___
 400 : 4 = ___

c) 5 · 100 = ___
  50 · 10 = ___
 500 : 10 = ___

d) 8 · 10 = ___
 80 · 10 = ___
 80 : 10 = ___

4 Rechne geschickt.

a) 8 · 6 = ___   6 · 8 = ___
   8 · 16 = ___   6 · 18 = ___

b) 2 · 7 = ___   7 · 2 = ___
   2 · 17 = ___   7 · 12 = ___

c) 3 · 4 = ___   4 · 3 = ___
   3 · 14 = ___   4 · 13 = ___

d) 5 · 8 = ___   8 · 5 = ___
   5 · 18 = ___   8 · 15 = ___

5 Rechne geschickt.

a) 24 : 8 = ___
  240 : 8 = ___

b) 40 : 4 = ___
 400 : 4 = ___

c) 35 : 5 = ___
 350 : 5 = ___

d) 32 : 8 = ___
 320 : 8 = ___

e) 42 : 6 = ___
 420 : 60 = ___

f) 49 : 7 = ___
 490 : 70 = ___

g) 63 : 9 = ___
 630 : 90 = ___

h)   100 :   10 = ___
 1000 : 100 = ___

1–5 Wesentliche Aspekte des Kapitels noch einmal reflektieren.

→ Schülerbuch, Seite 70

Forschen und Finden: Malkreuz

1 Rechne aus. Berechne dann den Unterschied. Was fällt dir auf?

a) 8 · 19 und 9 · 18

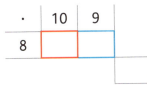

8 · 19 = _____

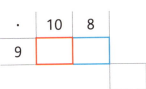

9 · 18 = _____

Unterschied: _____

b) 6 · 17 und 7 · 16

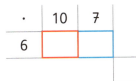

6 · 17 = _____

· | 10 | 6
7 | |

7 · 16 = _____

Unterschied: _____

c) 8 · 13 und 3 · 18

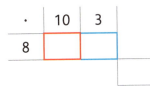

8 · 13 = _____

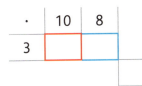

3 · 18 = _____

Unterschied: _____

d) 8 · 14 und 4 · 18

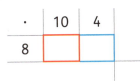

8 · 14 = _____

· | 10 | 8
4 | |

4 · 18 = _____

Unterschied: _____

Mir fällt auf: _____

2 Finde Aufgabenpaare mit dem Unterschied 10.

a) _____

b) _____

Überschlagsrechnen

1 Rechne. Überprüfe mit einem Überschlag.

a) 598 + 203 ≈ _____   196 + 498 ≈ _____   341 + 93 ≈ _____
   Ü: 600 + 200 =   Ü: ___ + ___ =   Ü: ___ + ___ =

b) 607 + 298 ≈ _____   881 + 99 ≈ _____   478 + 167 ≈ _____
   Ü: ___ + ___ =   Ü: ___ + ___ =   Ü: ___ + ___ =

2 Überschlage. Das Ergebnis liegt …

| 289 + 315 | 134 + 497 | 349 + 369 | 595 + 120 |

a) … zwischen 600 und 699.

b) … zwischen 700 und 799.

3 a) Wie viele Sitzplätze hat das Planetarium ungefähr? Überschlage.

b) Die vierten Klassen dieser Schulen möchten das Planetarium besuchen.

Schule am See	Burgschule
87 Personen	49 Personen
Parkschule	Wiesenschule
73 Personen	45 Personen
Bergschule	Regenbogenschule
62 Personen	34 Personen
Sonnenschule	Sternschule
54 Personen	22 Personen

Planetarium
Kindervorstellung:
Freitag: 9 Uhr und 11 Uhr

66 Plätze   57 Plätze
34 Plätze   23 Plätze
27 Plätze   27 Plätze

Passen alle Personen in die zwei Vorstellungen am Freitag?

c) Wie können die Schulen auf beide Vorstellungen verteilt werden? Löse mit einem Überschlag.

Vorstellung um 9 Uhr:

Vorstellung um 11 Uhr:

1, 2 Überschlag berechnen und zum Vergleichen nutzen.   3 Sachaufgaben mithilfe von Überschlagsrechnungen lösen.

→ Schülerbuch, Seiten 72/73

Längen: Meter und Kilometer

1 Ordne der Länge nach. Beginne mit der kleinsten Länge.

a) 3 km   2 km 350 m   ~~530 m~~   5 km 320 m   53 km   2 500 m

530 m < _____ < _____ < _____ < _____ < _____

b) 10 km   1 km 110 m   1 km 100 m   1 km   111 m   100 km

_____ < _____ < _____ < _____ < _____ < _____

2 a) Lenas Schulweg ist 500 m lang. Sie geht **jeden Tag** zur Schule und zurück. Wie weit ist das an einem Tag?

b) Wie weit geht Lena in **einer Woche** zur Schule und zurück?

c) Annas Schulweg ist 1 km und 250 m lang. Sie geht **jeden Tag** zur Schule und zurück. [?]

3 a) Die Kröte wandert in einer Nacht etwa 600 m. Die Wildkatze wandert etwa 2 km und 200 m. Vergleiche die Wege.

b) Der Waschbär wandert in einer Nacht etwa 7 km und 500 m. Der Marder wandert etwa 15 km. Vergleiche die Wege.

4 Immer 1 km.

200 m + ___ m   450 m + ___ m   410 m + ___ m   990 m + ___ m

600 m + ___ m   750 m + ___ m   270 m + ___ m   50 m + ___ m

---

1 Längen der Größe nach ordnen. Mit der kleinsten beginnen.   2 Entfernungen pro Tag und pro Schulwoche (5 Tage) berechnen.   3 Nächtliche Weiten der Tiere vergleichen. Unterschied der Weiten bestimmen.   4 Immer auf 1 000 m ergänzen.

→ Schülerbuch, Seiten 74/75

Mit Entfernungen rechnen

1 Familie Klein macht eine Radtour an der Mosel entlang.
Sie fahren von Koblenz nach Trier.
Florian stellt jeden Morgen den Zähler auf 0 und liest jeden Abend die gefahrenen Kilometer ab.

a) Wie weit ist es von der Burg Eltz nach Bernkastel-Kues? _____

b) Wie weit ist es von Cochem nach Trier? _____

c) Wie weit ist es von Koblenz nach Zell? _____

d) Wie weit ist es von Zell nach Trier? _____

e) Wie lang ist die gesamte Strecke? _____

Koblenz
↓ 46 km
Burg Eltz
↓ 28 km
Cochem
↓ 41 km
Zell
↓ 45 km
Bernkastel-Kues
↓ 57 km
Trier

2

Tacho Start	Tacho Ziel	gefahrene Kilometer
a) 0 9 1 3	1 0 0 0	
b) 0 6 9 9	0 7 8 9	
c) 0 7 1 8	0 9 0 5	
d) 0 4 7 3	0 8 1 1	

1 Längen der Fahrradstrecken bestimmen, Rechenstriche nutzen. **2** Tachostände vergleichen. Ergänzend die zurückgelegten Kilometer bestimmen. Zur Dokumentation den Rechenstrich nutzen.

→ Schülerbuch, Seiten 76/77

Schriftliche Addition

1 Addiere. Achte auf das Bündeln und schreibe die Überträge.

a) 564 + 317 b) 154 + 283 c) 659 + 127 d) 575 + 262 e) 346 + 217

f) 318 + 239 g) 423 + 194 h) 353 + 268 i) 487 + 164 j) 354 + 268

2 Rechne schriftlich. Achte auf die Überträge.

a) 564 + 237 b) 274 + 128 c) 825 + 146 d) 266 + 472 e) 363 + 175

f) 252 + 361 g) 536 + 189 h) 489 + 279 i) 256 + 687 j) 567 + 169

3 Schreibe die Zahlen stellengerecht untereinander und rechne.

a) 403 + 196   496 + 103   b) 261 + 638   238 + 661

c) 350 + 379   379 + 350   d) 397 + 53   353 + 97

1–3 Das Verfahren der schriftlichen Addition einüben.

Schriftliche Addition

1 Rechne und setze das Muster fort.

a)
```
  554      545      536      527
+ 446    + 455    + 464    + 473    +        +
-----    -----    -----    -----    ---      ---
```

b)
```
  321      321      321      321
+  95    + 194    + 293    + 392    +        +
-----    -----    -----    -----    ---      ---
```

c)
```
  690      579      468      357
+ 198    + 198    + 198    + 198    +        +
-----    -----    -----    -----    ---      ---
```

2 Addiere schriftlich.

a) Welche Aufgaben haben einen Übertrag, welche haben zwei Überträge? Sortiere.

| 567 + 243 | 409 + 238 | 463 + 455 | 123 + 408 | 645 + 186 | 358 + 252 |
| 461 + 248 | 555 + 145 | 413 + 109 | 367 + 143 | 367 + 142 | 158 + 473 |

1 Übertrag	2 Überträge

b) Finde weitere Aufgaben mit einem Übertrag und mit zwei Überträgen.

1 Übertrag	2 Überträge

1 Muster zwischen den Aufgaben beschreiben. **2** Aufgaben nach ihren Überträgen sortieren, Verständnis in das Verfahren vertiefen.

→ Schülerbuch, Seiten 78/79

Schriftliche Addition

1 Addiere schriftlich mit Nullen. Achte auf die Überträge.

a) 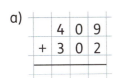 b) 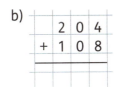 c) 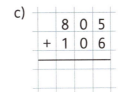 d) 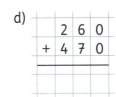 e)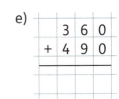

f) 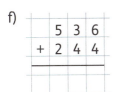 g) 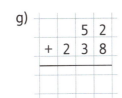 h) 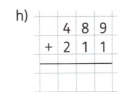 i) 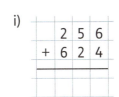 j)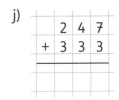

2 Finde die fehlenden Zahlen. Achte auf die Überträge.

a) 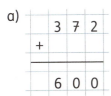 b) 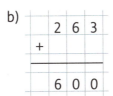 c) 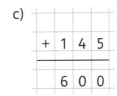 d) 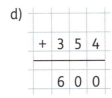 e)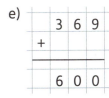

3 Rechne.

a) 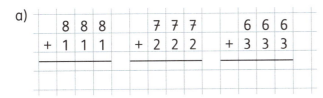   b)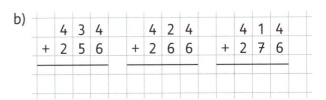

4 Wähle immer zwei Zahlen aus. Addiere schriftlich.

| 169 | 84 | 517 | 318 | 137 | 404 | 376 | 295 |

Die Summe soll …

a) … kleiner als 500 sein.

b) … zwischen 600 und 700 liegen.

1 Den Umgang mit Nullen im Verfahren durchdringen. 2 Verständnis in das Verfahren vertiefen. 3 Muster zwischen den Aufgaben beschreiben. 4 Aufgaben zu Ergebnissen finden.

→ Schülerbuch, Seiten 80/81

Übungen zur schriftlichen Addition

1 Finde die Fehler. Was sollen die Kinder beachten? Verbinde.

a)
```
   5 0 4
+  3 8 6
      1
   8 0 0
```

b)
```
   3 7 8
+  1 1 2
      1
   5 8 0
```

c)
```
   3 1 9
+    5 6
   8 7 9
```

d)
```
   3 4 5
+  1 0 6
      1
   5 4 1
```

- Schreibe die Zahlen stellengerecht.
- Achte auf die Überträge.
- Achte auf die Nullen.

2 Finde die fehlenden Ziffern. Achte auf die Überträge.

a)
```
   5 0 6        5 0 6
+    ■ 9     +  ■   9
       1            1
   5 6 5        5 2 5
```

b)
```
   4 3 2        4 3 2
+  3   5     +  3 ■ 5
       1            1
   8 0 7        7 9 7
```

c)
```
     6 7          6 7
+  1 0 ■     +  1 0 ■
       1            1
   1 7 2        1 7 6
```

d)
```
   4 7 0        4 7 0
+    5 ■     +    5 ■
       1
   1 0 0 0      9 9 8
```

e)
```
   2 7 9        2 7 9
+    5 ■     +    5 ■
                    1
     7 9 9        7 9 8
```

f)
```
       ■ 1          ■ 1
+    5 3 9     +  2 3 9
         1            1
     9 7 0        4 7 0
```

3 Welche Zahl ist gesucht?

a) Meine Zahl ist um 250 größer als 460.
   Meine Zahl heißt ____ .

b) Meine Zahl ist um 353 größer als 460.
   Meine Zahl heißt ____ .

c) Meine Zahl ist um 450 größer als 279.
   Meine Zahl heißt ____ .

d) Meine Zahl ist um 563 größer als 376.
   Meine Zahl heißt ____ .

e) Meine Zahl ist um 399 größer als 244.
   Meine Zahl heißt ____ .

f) Meine Zahl ist um 444 größer als 99.
   Meine Zahl heißt ____ .

Übungen zur schriftlichen Addition

1 Rechne schriftlich.

a)
```
   6 7 8
 + 1 2 6
 +   3 4
---------
```

b)
```
   4 5 6
 + 1 2 3
 +   7 8
---------
```

c)
```
   2 5 9
 + 1 1 9
 + 2 0 9
---------
```

d)
```
   3 6 2
 + 4 0 1
 +   3 8
---------
```

e)
```
   4 0 8
 +   5 6
 + 1 5 9
---------
```

2 Rechne schriftlich. Schreibe stellengerecht untereinander.

346 + 123 + 24   532 + 203 + 189   198 + 277 + 356

```
   3 4 6
 + 1 2 3
 +   2 4
---------
```

506 + 23 + 289   353 + 480 + 176   49 + 603 + 279

3 Wähle immer drei Karten und addiere schriftlich. Finde mehrere Aufgaben.

| 347 | 137 | 489 | 307 | 99 | 156 | 261 | 12 |

Die Summe ist …

a) … kleiner als 500.

```
   3 4 7
 + 1 3 7
 +   1 2
---------
```

b) … liegt zwischen 500 und 750.

1–3 Das Verfahren auf drei Summanden übertragen.

→ Schülerbuch, Seiten 82/83   → Probieren und Kombinieren 3, Seiten 3, 20/21

Mit Geld rechnen   11.2.

1 Addiere in der Tabelle.

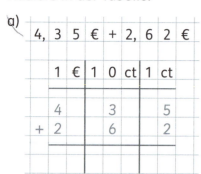
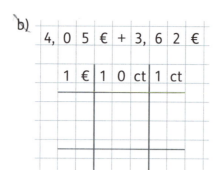

a) 4,35 € + 2,62 €

b) 4,05 € + 3,62 €

c) 3,57 € + 0,63 €

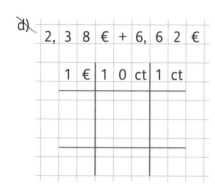
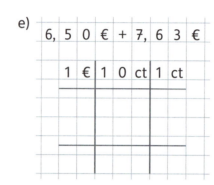
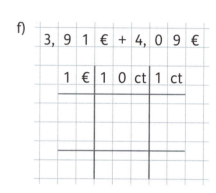

d) 2,38 € + 6,62 €

e) 6,50 € + 7,63 €

f) 3,91 € + 4,09 €

2 Addiere schriftlich und setze das Muster fort.
Achte auf das Komma und denke an die Überträge.

a) 5,34 € + 7,56 €   5,44 € + 7,66 €   5,54 € + 7,76 €   +   +

b) 3,97 € + 2,56 €   3,95 € + 2,58 €   3,93 € + 2,60 €   +   +

c) 9,07 € + 4,89 €   9,17 € + 5,79 €   9,27 € + 6,69 €   +   +

3 Schriftlich (S) oder im Kopf (K)?

15,34 € + 17,24 €	S	125,45 € + 19,84 €	☐	299,00 € + 326,00 €	☐
123,00 € + 17,00 €	K	4,00 € + 1,24 €	☐	17,82 € + 53,14 €	☐
15,99 € + 24,01 €	☐	241,34 € + 103,24 €	☐	108,34 € + 0,24 €	☐

1, 2 Kommazahlen schriftlich addieren.   3 Geschickt rechnen.

→ Schülerbuch, Seiten 84/85

50

Mit Geld rechnen

1 Reicht das Geld? Überschlage zuerst. Rechne genau, wenn es notwendig ist.

a)

27,35 € + 22,12 €

35,35 € + 12,12 €

b)

57,18 € + 7,23 €

38,39 € + 40,51 €

c)

68,74 € + 21,31 €

53,47 € + 28,31 €

d)

54,06 € + 53,02 €

75,19 € + 24,18 €

e)

64,71 € + 31,10 €

82,99 € + 27,00 €

f)

125,14 € + 14,77 €

137,28 € + 1,10 €

1 a) 28 € + 23 € = 51 €   27,35 €   Das Geld reicht.
                          + 22,12 €
                          ─────────
                            49,47 €

1 Überschlag anwenden.

Rückblick

1 Rechne schriftlich. Schreibe stellengerecht untereinander.

a) 247 + 253   b) 308 + 98   c) 279 + 641   d) 89 + 190

2 Addiere schriftlich. Welche Aufgaben haben keinen Übertrag, welche haben 2 Überträge?

256 + 403   498 + 206   361 + 239   507 + 201

kein Übertrag	2 Überträge

3 Welche Ziffern fehlen?

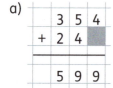
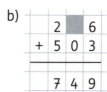
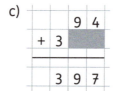
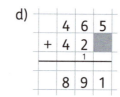
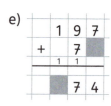

4 Rechne schriftlich. Schreibe stellengerecht untereinander.

a) 124 + 54 + 209   b) 65 + 102 + 148   c) 482 + 120 + 108   d) 469 + 229 + 50

5 Rechne schriftlich. Überprüfe mit einem Überschlag.

73,04 € + 72,18 €

Wesentliche Aspekte des Kapitels noch einmal reflektieren.

→ Schülerbuch, Seite 86

Forschen und Finden

1 Welche Streichzahlen findest du? Probiere.

a)
21	12	34
10	11	24
22	7	14

21	12	34
10	11	24
22	7	14

21	12	34
10	11	24
22	7	14

21	12	34
10	11	24
22	7	14

21	12	34
10	11	24
22	7	14

21	12	34
10	11	24
22	7	14

b)
24	8	15
17	24	62
28	27	35

24	8	15
17	24	62
28	27	35

24	8	15
17	24	62
28	27	35

24	8	15
17	24	62
28	27	35

24	8	15
17	24	62
28	27	35

24	8	15
17	24	62
28	27	35

c)
12	17	25
21	26	34
18	23	31

12	17	25
21	26	34
18	23	31

12	17	25
21	26	34
18	23	31

12	17	25
21	26	34
18	23	31

12	17	25
21	26	34
18	23	31

12	17	25
21	26	34
18	23	31

2 Erstelle Streichquadrate aus Plustabellen mit der ...

a) ... Streichzahl 94.   b) ... Streichzahl 74.   c) ... Streichzahl ___.   d) ... Streichzahl ___.

1 Streichzahlen berechnen. Besonderes Streichquadrat mit konstanter Streichsumme erkennen.   2 Eigene Streichquadrate erstellen.

→ Schülerbuch, Seite 87   → Probieren und Kombinieren 3, Seiten 24–27

Gewichte: Kilogramm und Gramm

1 Ordne nach dem Gewicht. Trage das Gewicht in die Tabelle ein.

Wassermelone: 6 kg 156 g   Blumenkohl: 779 g   Kürbis: 1 kg 105 g   Salat: 558 g   Kokosnuss: 821 g

	1 kg	100 g	10 g	1 g
Wassermelone	6	1	5	6

2 Wie schwer?

a)
1 Banane = _____ g

b)
1 Apfel = _____ g

c)
1 Pflaume = _____ g

d)
Eine Orange wiegt etwa _____ g.

e)
Eine Kiwi wiegt etwa _____ g.

f)
Eine Birne wiegt etwa _____ g.

3 Was ist schwerer? Kreuze an.

a)  oder   ☐ ☐

b) oder   ☐ ☐

c) oder   ☐ ☐

4
a) Immer 1 000 g.
500 g + _500 g_
750 g + _____
25 g + _____

b) Immer 500 g.
175 g + _325 g_
250 g + _____
125 g + _____

c) Immer 250 g.
125 g + _____
175 g + _____
75 g + _____

d) Immer 750 g.
500 g + _____
150 g + _____
375 g + _____

Gewichte: Kilogramm und Gramm

1 Ordne nach dem Gewicht. Beginne mit dem leichtesten.

a) 24 kg   ~~24 g~~   245 kg   245 g

24 g < _____ < _____ < _____

b) 890 kg   8 t   89 g   890 g

_____ < _____ < _____ < _____

c) 61 kg   6 t   610 g   61 g

_____ < _____ < _____ < _____

d) 54 g   540 kg   54 t   540 t

_____ < _____ < _____ < _____

2 Setze ein: t, kg oder g?

Der Panther wiegt 90 ___.   Der Maikäfer wiegt 2 ___.   Die Katze wiegt 8 ___.   Der Schwertwal wiegt 6 ___.   Der Zwerghamster wiegt 30 ___.

3 So viel frisst ein Tier an einem Tag.

Elefant: 200 kg

Gorilla: 10 kg

Katzenbär: 2 kg

Wie lange reicht 1 t Nahrung für …

a) … 1 Elefanten?   b) … 5 Gorillas?   c) … 5 Katzenbären?

_____   _____   _____

4 Immer 1 t.

a) 530 kg + 470 kg
535 kg + ___ kg
525 kg + ___ kg

b) 680 kg + ___ kg
678 kg + ___ kg
682 kg + ___ kg

c) 410 kg + ___ kg
425 kg + ___ kg
395 kg + ___ kg

d) 190 kg + ___ kg
187 kg + ___ kg
192 kg + ___ kg

5 Vergleiche. < oder > oder =?

a) 64 kg ○ 640 g
14 g ○ 140 kg
459 g ○ 45 t

b) 36 t ○ 360 g
9 kg ○ 4 t
810 kg ○ 81 t

c) 5 000 kg ○ 5 t
8 kg 40 g ○ 840 g
9 t 10 g ○ 10 t

d) 8 t 8 kg ○ 88 t
99 kg 10 g ○ 991 kg
2 kg ○ 2 000 g

Formen am Geobrett

1 Immer 2 Vierecke sind gleich. Verbinde.

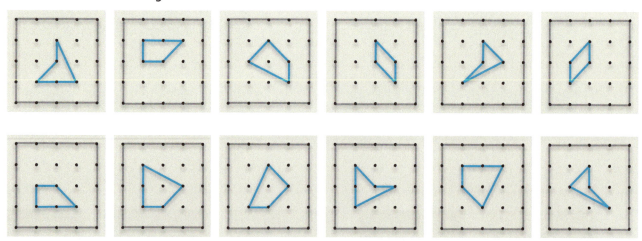

2 Spanne eine Ecke um. Markiere.

a) Aus ... mache ...

b) Aus ... mache ...

c) Aus ... mache ...

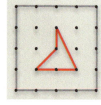 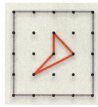

d) Aus ... mache ...

  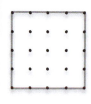

3 Zeichne das Spiegelbild.

a)

b)

c)

d)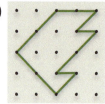

1 Gleiche Vierecke verbinden. Gedrehte und gespiegelte gelten als gleich. **2** Vierecke und Dreiecke verändern. Neue Formen zeichnen. **3** Spiegelbilder zeichnen.

→ Schülerbuch, Seiten 92/93

Flächeninhalte am Geobrett

1 Wie groß ist der Flächeninhalt?

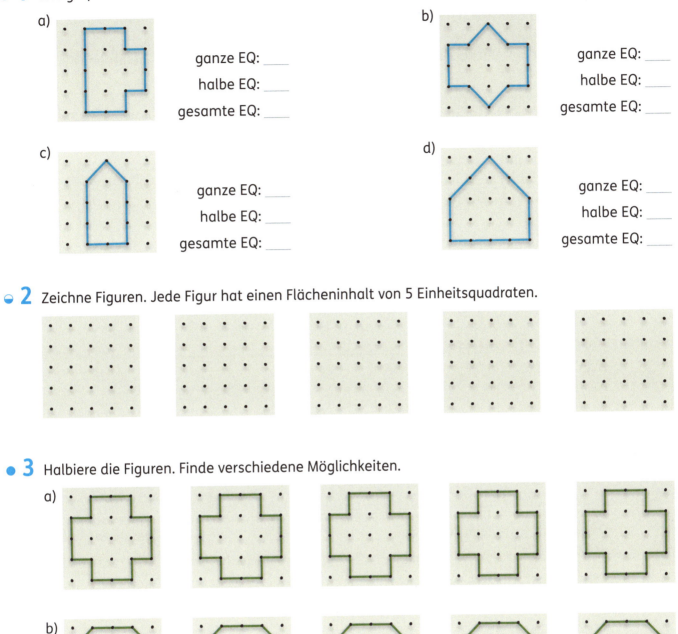

a) ganze EQ: ___ halbe EQ: ___ gesamte EQ: ___

b) ganze EQ: ___ halbe EQ: ___ gesamte EQ: ___

c) ganze EQ: ___ halbe EQ: ___ gesamte EQ: ___

d) ganze EQ: ___ halbe EQ: ___ gesamte EQ: ___

2 Zeichne Figuren. Jede Figur hat einen Flächeninhalt von 5 Einheitsquadraten.

3 Halbiere die Figuren. Finde verschiedene Möglichkeiten.

a)

b)

c) Wähle eine eigene Figur. Halbiere die Fläche.

---

1 Flächeninhalt bestimmen. Dabei halbe und ganze Einheitsquadrate einzeichnen, die Anzahl abzählen oder berechnen.
2 Figuren finden, die einen Flächeninhalt von 5 Einheitsquadraten haben.   3 Linie einzeichnen, die verdeutlichen, wie sich die Flächen der Figuren halbieren lassen.

→ Schülerbuch, Seiten 94/95

Schriftliche Subtraktion: Auffüllen

1 Wie viele Kilometer wurden gefahren?

Ergänze passend am Rechenstrich. Erst die Einer, dann die Zehner, dann die Hunderter.

a) Tacho Start   Tacho Ziel   gefahrene Kilometer

   [2|5|4]   [7|6|8]      4 + 10 + 500 = 514

   [2|5|4]   [6|8|2]

b) Tacho Start   Tacho Ziel   gefahrene Kilometer

   [5|7|7]   [7|8|9]

   [5|7|7]   [7|0|9]

c) Tacho Start   Tacho Ziel   gefahrene Kilometer

   [0|5|4]   [3|6|8]

   [0|5|4]   [3|3|3]

d) Tacho Start   Tacho Ziel   gefahrene Kilometer

   [4|0|7]   [9|2|0]

   [4|0|7]   [8|0|2]

1 Schrittweises Ergänzen zum nächsten passenden Stellenwert am Rechenstrich darstellen und notieren.

→ Schülerbuch, Seiten 96/97

Schriftliche Subtraktion: Auffüllen

1 Ergänze. Erst die Einer, dann die Zehner, dann die Hunderter.

a)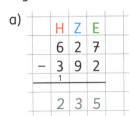

2 + **5** = 7, schreibe 5.
9 + **3** = 12, übertrage 1 und schreibe 3
4 + **2** = 6, schreibe 2,
also 235.

Eric

b)
H	Z	E
7	4	5
– 5	0	9

H	Z	E
5	7	1
– 4	6	5

H	Z	E
9	3	8
– 7	2	9

H	Z	E
2	8	2
–	7	8

H	Z	E
7	4	6
–	6	7

c)
H	Z	E
8	5	3
– 5	2	9

H	Z	E
3	9	1
– 2	7	5

H	Z	E
5	2	4
– 3	7	2

H	Z	E
6	4	5
– 3	5	5

H	Z	E
7	4	6
– 4	4	9

2 Schreibe die Zahlen stellengerecht untereinander und rechne.

a) 999 – 123   999 – 876

b) 666 – 123   999 – 543

c) 878 – 509   777 – 408

d) 901 – 235   802 – 136

e) 703 – 387   713 – 397

f) 892 – 89   892 – 803

Schriftlich subtrahieren

1 Wähle immer zwei Zahlen aus. Schreibe stellengerecht untereinander und rechne schriftlich.

291   586   169   74   137   188   412   605

Die Differenz soll …

a) … größer als 200 sein.

```
   2 9 1
 -   7 4
```

b) … zwischen 100 und 200 liegen.

```
   2 9 1
 - 1 6 9
```

2 Welche Zahl ist gesucht?

a) Meine Zahl ist um 350 kleiner als 950.
Meine Zahl heißt _____ .

b) Meine Zahl ist um 464 kleiner als 950.
Meine Zahl heißt _____ .

c) Meine Zahl ist um 750 kleiner als 893.
Meine Zahl heißt _____ .

d) Meine Zahl ist um 691 kleiner als 978.
Meine Zahl heißt _____ .

e) Meine Zahl ist um 399 kleiner als 500.
Meine Zahl heißt _____ .

3 Subtrahiere schriftlich mit Nullen.

a)
```
   3 0 4
 - 1 0 8
```

b)
```
   8 0 0
 - 3 7 0
```

c)
```
   7 0 8
 - 4 7 0
```

d)
```
   6 0 0
 - 5 5 5
```

e)
```
   7 5 4
 - 1 4 5
```

1 Aufgaben gezielt zusammenstellen.   2 Aufgaben ggf. mithilfe der schriftlichen Subtraktion lösen.   3 Aufgaben mit der Ziffer Null bewusst lösen.

→ Schülerbuch, Seiten 98/99

Schriftlich subtrahieren

1 Schreibe stellengerecht untereinander und rechne schriftlich. Kontrolliere mit der Probe.

a) 893 − 503   Probe   b) 522 − 307   Probe   c) 303 − 184   Probe

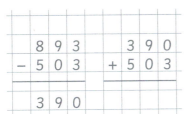

d) 745 − 66   Probe   e) 385 − 96   Probe   f) 107 − 59   Probe

2 Bilde zwei dreistellige Zahlen mit den Ziffern 1 2 3 5 7 9.

a) Finde verschiedene Aufgaben.

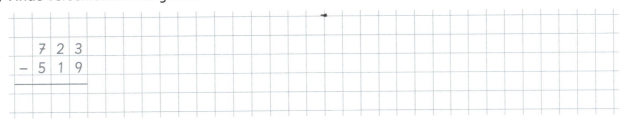

b) Finde eine Aufgabe mit einer möglichst großen Differenz.

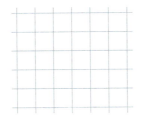

c) Finde eine Aufgabe mit einer möglichst kleinen Differenz.

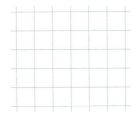

3 Bilde zwei verschiedene dreistellige Zahlen mit den Ziffern 1 5 7.
Finde verschiedene Minusaufgaben.

Übungen zur schriftlichen Subtraktion. **1** Stellengerechte Notation durchführen und Umkehraufgabe zur Probe rechnen. **2, 3** Zahlen mit vorgegebenen Ziffern bilden (ggf. aus Ziffernkarten legen) und schriftliche Subtraktionsaufgaben damit berechnen. **3** Es können 15 verschiedene Aufgaben gefunden werden.

→ Schülerbuch, Seiten 98/99

Übungen zur schriftlichen Subtraktion

1 Rechne und setze das Muster fort.

a)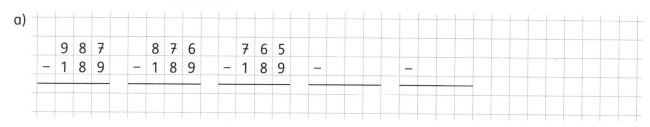

b)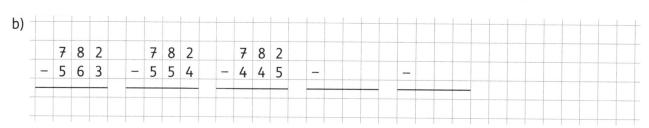

c)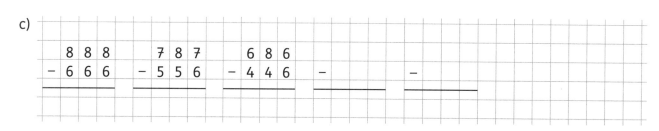

2 Finde die Fehler. Kreise ein und rechne richtig.

a) 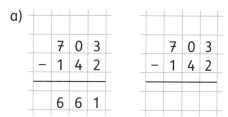   b)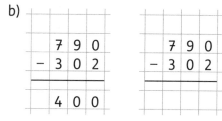

c) 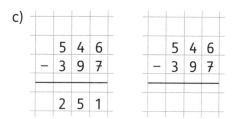   d)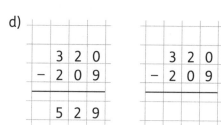

3 Welche Ziffern fehlen?

a) 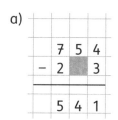 b) 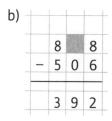 c) 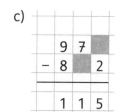 d) 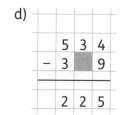 e)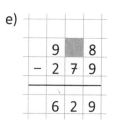

Rückblick

1 Rechne schriftlich. Schreibe stellengerecht untereinander.

a) 648 – 235   b) 734 – 304   c) 809 – 561   d) 573 – 68   e) 405 – 376

2 a)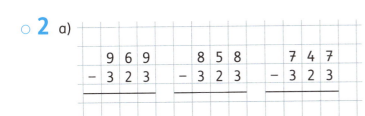
b)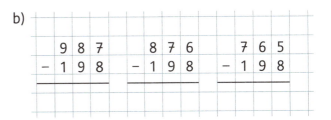

3 Wähle immer zwei Zahlen aus. Schreibe stellengerecht untereinander und rechne schriftlich.

Die Differenz ...

a) ... ist größer als 500.

b) ... liegt zwischen 100 und 200.   c) ... liegt zwischen 300 und 400.

4 Finde die fehlenden Ziffern.

a)
```
  9 ■ 1
- 3 5 1
-------
  6 2 0
```

b)
```
  ■ 3 ■
- 6 0 2
-------
  1 3 4
```

c)
```
  6 4 9
- 2 ■ 3
-------
  4 1 6
```

d)
```
  5 0 6
-   2 ■
-------
  2 8 1
```

e)
```
  ■ 2 7
- 1 8 ■
-------
  2 4 6
```

Wesentliche Aspekte des Kapitels noch einmal reflektieren.

63

→ Schülerbuch, Seite 104

Forschen und Finden: Umkehrzahlen

1 Rechne immer mit der Umkehrzahl.

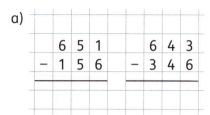
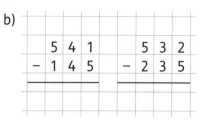
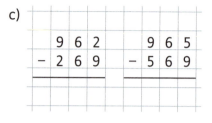

2 Subtrahiere von den Zahlen die Umkehrzahlen. Setze fort.

a)
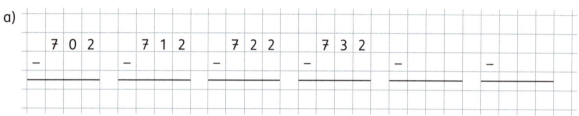

b)
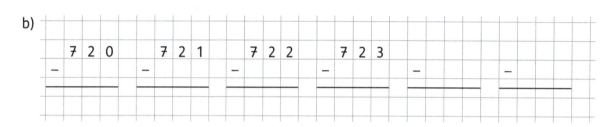

3 Subtrahiere von den Zahlen die Umkehrzahlen. Was fällt dir auf?

a)
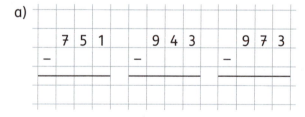

b)
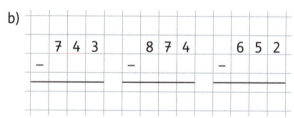

4 Finde Aufgaben mit Umkehrzahlen zur Differenz …

a) … 594.

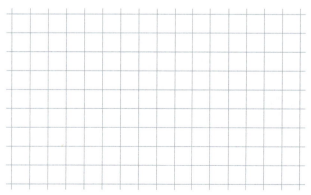

b) … 396.

1 Differenzen aus Zahl und kleinerer Umkehrzahl ermitteln. **2, 3** Unterschiede zwischen den Ergebnissen untersuchen und beschreiben. **4** Aufgaben zu einer vorgegebenen Differenz geschickt finden.

→ Schülerbuch, Seite 105

Zeit: Zeitpunkte und Zeitspannen

1 Zeichne den fehlenden Zeiger ein.

a) Stundenzeiger

7.15 Uhr	9.45 Uhr	8.35 Uhr	1.22 Uhr	10.56 Uhr

b) Minutenzeiger

13.16 Uhr	15.27 Uhr	18.49 Uhr	21.03 Uhr	23.55 Uhr

2 Welche Uhrzeiten gehören zusammen? Achte auf den Sekundenzeiger. Verbinde.

13:40 20	7:32 15	22:40 10	19:50 15	1:32 00

3 a) Schreibe in h und min.

150 min = ___ h ___ min
210 min = ___ h ___ min
270 min = ___ h ___ min

b) Schreibe in min.

1 h 25 min = ___ min
1 h 5 min = ___ min
2 h 45 min = ___ min

c) Schreibe in s.

1 min 17 s = ___ s
1 min 39 s = ___ s
3 min 25 s = ___ s

4 Ordne. Beginne mit der kleinsten Zeitspanne.

a)

15 min < ___ < ___ < ___ < ___

b)

___ < ___ < ___ < ___ < ___

Zeit: Zeitpunkte und Zeitspannen

1 Wie viel Zeit ist vergangen?

a)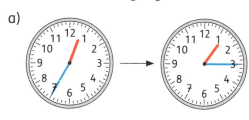

12.35 Uhr   13.00 Uhr   13.15 Uhr

b)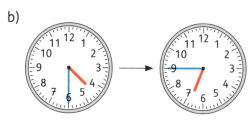

16.30 Uhr

c)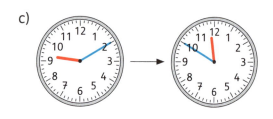

9.10 Uhr

2 a) Berechne deine tägliche Schulzeit.

	Beginn	Ende		Dauer
Montag	___ Uhr	___ Uhr		___ h ___ min
Dienstag	___ Uhr	___ Uhr		
Mittwoch	___ Uhr	___ Uhr		
Donnerstag	___ Uhr	___ Uhr		
Freitag	___ Uhr	___ Uhr		

b) Berechne die Zeit für deinen Schulweg.

Start von zu Hause ___ Uhr   Ankunft an der Schule ___ Uhr   ___ h ___ min

1, 2 Zeitdauer mithilfe des Rechenstrichs bestimmen.

→ Schülerbuch, Seiten 108/109

Tabellen und Skizzen

1 Wie weit kommen die Kinder?

a) Rechne mit der Tabelle.

	Metin	Paula	Finn	Lilly
1 min	160 m	180 m	200 m	60 m
2 min	320 m			
3 min				
4 min				
5 min				
6 min				

b) Vergleiche:

Wie viele Meter legen Lilly und Paula in 5 Minuten zurück? _____

Wie viele Meter legen sie in 10 Minuten zurück? _____

c) Wie viele Meter legt Finn in 5 Minuten mehr zurück als Metin? _____

d) Wie viele Meter legt Lilly in 6 Minuten weniger zurück als Finn? _____

2 a) Finn und Lilly möchten sich treffen. Sie wohnen 780 m voneinander entfernt und starten gleichzeitig. Finn fährt mit seinem Fahrrad und Lilly geht zu Fuß.

Nach wie vielen Minuten treffen sie sich?

Antwort: _____

b) Metin und Paula möchten sich treffen. Sie wohnen 1 km 700 m voneinander entfernt und starten gleichzeitig. Metin fährt mit dem Skateboard und Paula fährt mit Inline-Skates.

Nach wie vielen Minuten treffen sie sich?

Antwort: _____

Seitenansichten von Würfelgebäuden

1 Aus welcher Himmelsrichtung wurden die Seitenansichten gezeichnet? Kreuze an.

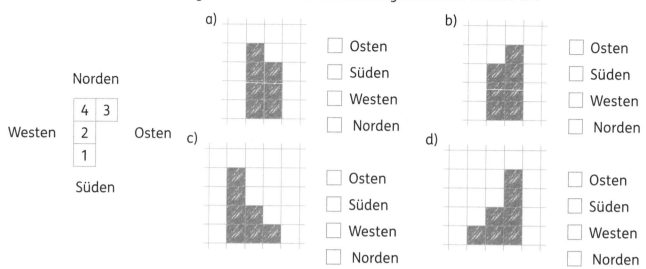

2 Überprüfe die Seitenansichten. Welche gehört nicht zum Bauplan? Zeichne die Ansicht richtig.

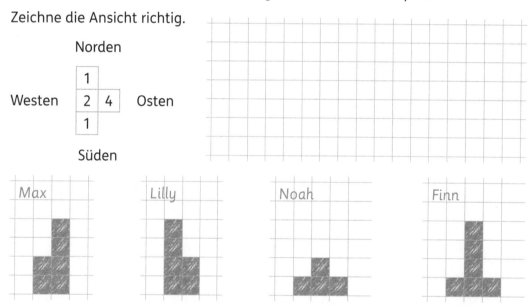

3 Mehrere Gebäude passen zu diesen zwei Seitenansichten. Finde drei verschiedene. Zeichne die Baupläne.

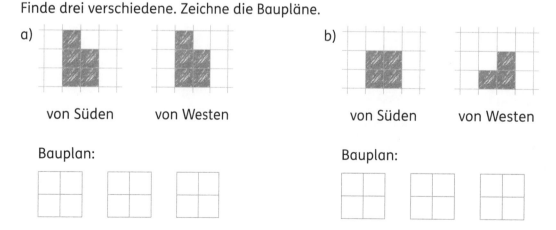

a) von Süden   von Westen   b) von Süden   von Westen

Bauplan: Bauplan:

Die Aufgaben sollten möglichst oft ohne Würfelmaterial gelöst werden. Zur Unterstützung und zum Lösungsvergleich Würfel benutzen. **1** Ansichten dem Bauplan zuordnen. **2** Fehlerhafte Ansicht erkennen. Neu zeichnen. **3** Zu den gegebenen Ansichten passende Baupläne finden.

→ Schülerbuch, Seiten 112/113

Körper und Flächen

1 Welche Körper sind es? Welche Flächen gehören zu den Körpern? Verbinde.

Zylinder   Pyramide   Würfel   Quader   Kegel

6 Rechtecke   1 Kreis   2 Kreise (1 Rechteck)   6 Quadrate   1 Quadrat 4 Dreiecke

2 Zu welchem Körper gehören diese Netze?

a)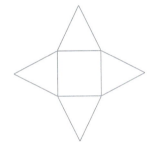

b)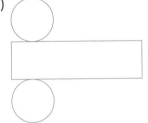

c)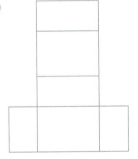

3 Dies sind keine Quadernetze. Markiere den Fehler. Zeichne richtig.

a)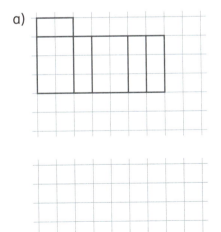

b)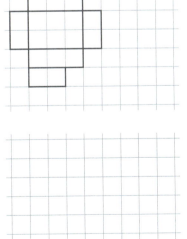

c)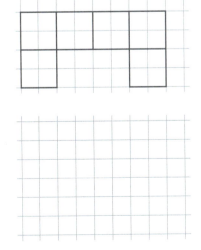

1 Körpername, Bild und Flächenformen miteinander verbinden.   2 Dem abgebildeten Netz eine Körperform zuordnen.
3 Fehler im Quadernetz farbig markieren, das Quadernetz korrigieren und korrigiertes Quadernetz zeichnen.

→ Schülerbuch, Seiten 114/115

Gleichungen und Ungleichungen

1 Vergleiche. < oder > oder = ?

a) 10 · 15 ◯ 100
   5 · 15 ◯ 100

b) 3 · 50 ◯ 300
   6 · 50 ◯ 300

c) 120 ◯ 5 · 20
   120 ◯ 5 · 25

d) 250 ◯ 10 · 25
   250 ◯ 5 · 45

e) 8 · 24 ◯ 240
   8 · 12 ◯ 120

f) 9 · 40 ◯ 400
   9 · 20 ◯ 200

g) 360 ◯ 7 · 50
   360 ◯ 5 · 70

h) 600 ◯ 8 · 80
   600 ◯ 9 · 90

2 Welche Zahlen passen? Schreibe auf. | 0 | 1 | 2 | 3 | 4 | 5 | 6 | 7 | 8 | 9 |

a) ■ · 30 < 150
   0, 1, 2, 3, 4

   ■ · 60 < 150

b) ■ · 50 > 150

   ■ · 40 > 150

c) ■ · 20 < 120

   ■ · 40 < 120

d) ■ · 90 > 500

   ■ · 80 > 500

3 Vergleiche. < oder > oder = ?

a) 150 : 5 ◯ 50
   150 : 3 ◯ 50

b) 90 : 9 ◯ 10
   99 : 9 ◯ 9

c) 50 ◯ 240 : 6
   5 ◯ 240 : 60

d) 10 ◯ 450 : 90
   10 ◯ 900 : 90

e) 360 : 6 ◯ 50
   360 : 6 ◯ 60

f) 120 : 6 ◯ 12
   120 : 6 ◯ 20

g) 10 ◯ 300 : 60
   5 ◯ 300 : 30

4 Welche Aufgaben gehören zu welcher Rechnung? Verbinde und rechne.

In die Klasse 3c gehen 24 Kinder. 4 Kinder sind heute krank.

24 Kinder wollen einen Ausflug machen. Jedes Kind bezahlt 4 Euro.

24 : 4 = ___   24 · 4 = ___   24 + 4 = ___   24 − 4 = ___

24 Kinder fahren Tretboot. Immer 4 Kinder passen in ein Boot.

24 Kinder sitzen im Schulbus. 4 Kinder steigen dazu.

5 Welche Rechenzeichen passen? Setze +, −, · oder : ein.

a) 200 ◯ 10 = 20
   200 ◯ 10 = 210
   200 ◯ 10 = 190

b) 250 ◯ 50 = 200
   250 ◯ 50 = 5
   250 ◯ 50 = 300

c) 90 ◯ 9 = 10
   90 ◯ 9 = 810
   90 ◯ 9 = 81

d) 240 ◯ 4 = 236
   240 ◯ 4 = 244
   240 ◯ 4 = 60

1–3 Aufgaben mit Ergebnissen vergleichen. Beziehungen zwischen den Aufgaben nutzen. 4, 5 Rechnungen den passenden Aufgaben zuordnen und Ergebnisse interpretieren.

→ Schülerbuch, Seiten 116/117   → Probieren und Kombinieren 3, Seiten 28–31

Multiplizieren und Dividieren

1 a) Immer mal 6.

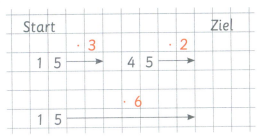 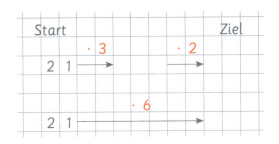

b) Immer mal 4.

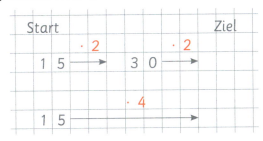 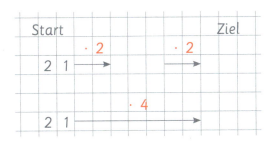

2 a) Immer mal 5.

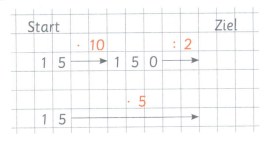 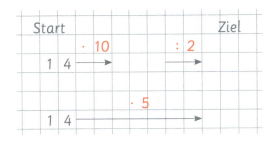

b) Immer geteilt durch 5.

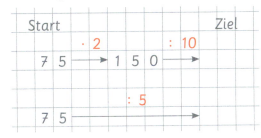 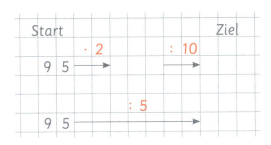

3 Immer geteilt durch 6.

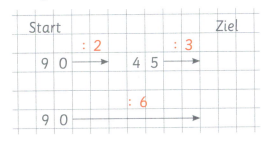 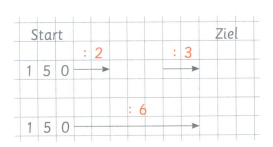

1–3 Zerlegungen der Multiplikation und Division. Vertiefung der Beziehungen zwischen Multiplikations- und Divisionsaufgaben beim Einmaleins und Zehnereinmaleins.

→ Schülerbuch, Seiten 118/119

Rechenwege bei der Division

1 Dividiere.

a) 6 : 2 = ____ 60 : 20 = ____ b) 9 : 3 = ____ 90 : 30 = ____
60 : 2 = ____ 600 : 20 = ____ 90 : 3 = ____ 900 : 30 = ____
600 : 2 = ____ 600 : 200 = ____ 900 : 3 = ____ 900 : 300 = ____

2 Divisionsaufgaben mit und ohne Rest.

a) 30 : 6 = 5 b) 20 : 4 = ____ c) 60 : 6 = ____ d) 80 : 4 = ____ e) 90 : 9 = ____
32 : 6 = 5 R2 23 : 4 = ____ 65 : 6 = ____ 82 : 4 = ____ 95 : 9 = ____

3 Rechne und setze fort. Was fällt dir auf?

a) 11 : 9 = 1 R2 b) 30 : 4 = ____ c) 100 : 90 = ____ d) 350 : 60 = ____
20 : 9 = ____ 38 : 4 = ____ 200 : 90 = ____ 400 : 60 = ____
29 : 9 = ____ 46 : 4 = ____ 300 : 90 = ____ 450 : 60 = ____
38 : 9 = ____ 54 : 4 = ____ 400 : 90 = ____ 500 : 60 = ____
___ : 9 = ____ ___ : 4 = ____ ___ : 90 = ____ ___ : 60 = ____
___ : 9 = ____ ___ : 4 = ____ ___ : 90 = ____ ___ : 60 = ____

4 Divisionsaufgaben mit und ohne Rest.

a) 10 : 2 = ____ b) 11 : 2 = ____ c) 100 : 20 = ____ d) 111 : 20 = ____
20 : 4 = ____ 22 : 4 = ____ 200 : 40 = ____ 222 : 40 = ____
30 : 6 = ____ 33 : 6 = ____ 300 : 60 = ____ 333 : 60 = ____
40 : 8 = ____ 44 : 8 = ____ 400 : 80 = ____ 444 : 80 = ____
50 : 10 = ____ 55 : 10 = ____ 500 : 100 = ____ 555 : 100 = ____

5 a) 5 : 4 = ____ 25 : 4 = ____ b) 50 : 40 = ____ 250 : 40 = ____
10 : 4 = ____ 30 : 4 = ____ 100 : 40 = ____ 300 : 40 = ____
15 : 4 = ____ 35 : 4 = ____ 150 : 40 = ____ 350 : 40 = ____
20 : 4 = ____ 40 : 4 = ____ 200 : 40 = ____ 400 : 40 = ____

6 6 Kinder kaufen gemeinsam ein Geburtstagsgeschenk für 45 Euro. [?]

1–6 Divisionsaufgaben mit Rest lösen und vergleichen.

→ Schülerbuch, Seiten 120/121

Addieren und Subtrahieren

1 Welche Aufgabe rechnest du schriftlich (S), welche im Kopf (K)? Kreuze an und rechne.

871 − 284	398 − 249	524 + 387
☒ S ☐ K	☐ S ☐ K	☐ S ☐ K

```
  8 7 1
− 2 8 4
```

500 − 440	698 − 9	324 + 222
☐ S ☐ K	☐ S ☐ K	☐ S ☐ K

2 Finde passende Aufgaben.

331	789	39	121	31	549
431	889	49	221	51	550
531	989	59	321	71	551

a) Finde Plusaufgaben. Die Summe soll größer als 500 sein.

```
  5 5 1
+ 2 2 1
-------
  7 7 2
```

b) Finde Minusaufgaben. Die Differenz soll kleiner als 500 sein.

```
  5 4 9
−   5 9
-------
  4 9 0
```

1 Aufgaben dahingehend unterscheiden, ob schriftlich oder eher halbschriftlich bzw. im Kopf gerechnet wird. 2 Aufgaben zu vorgegebenen Ergebnissen finden und rechnen.

→ Schülerbuch, Seiten 122/123

Rückblick

1 Vergleiche. < oder > oder =?

a) 2 · 23 ◯ 50
    4 · 23 ◯ 100
    8 · 23 ◯ 150

b) 10 · 5 ◯ 5 · 11
    11 · 5 ◯ 6 · 11
    12 · 5 ◯ 6 · 12

c) 180 : 3 ◯ 50
    150 : 3 ◯ 50
    120 : 3 ◯ 50

d) 200 : 2 ◯ 400 : 4
    400 : 2 ◯ 400 : 4
    600 : 2 ◯ 400 : 4

2 Rechenketten.

a)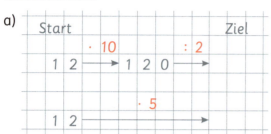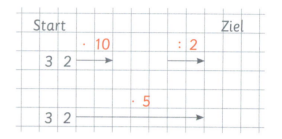

b)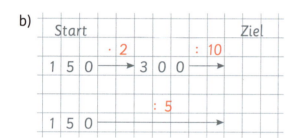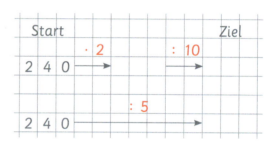

3 Divisionsaufgaben mit und ohne Rest.

a) 60 : 6 = _____
    69 : 6 = _____
    78 : 6 = _____
    87 : 6 = _____

b) 60 : 3 = _____
    65 : 3 = _____
    70 : 3 = _____
    75 : 3 = _____

c) 180 : 50 = _____
    190 : 50 = _____
    200 : 50 = _____
    210 : 50 = _____

d) 120 : 4 = _____
    130 : 4 = _____
    140 : 4 = _____
    150 : 4 = _____

4 Welche Aufgabe rechnest du schriftlich (S), welche im Kopf (K)? Kreuze an und rechne.

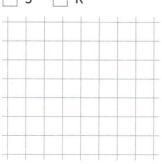 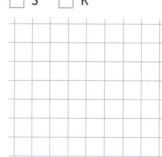 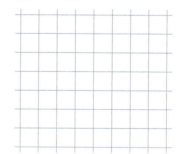

1–4 Wesentliche Aspekte des Kapitels noch einmal reflektieren.

→ Schülerbuch, Seite 124

Forschen und Finden: Zahlenmauern

1 Vergleiche die Zahlenmauern. Was fällt dir auf?

a)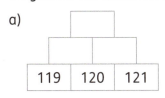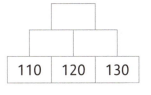

b)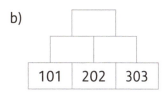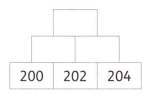

c)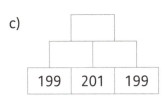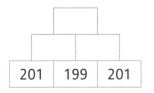

d)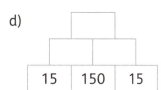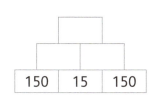

2 Immer derselbe Grundstein. Was fällt dir auf?

a)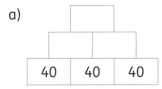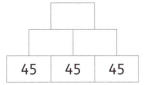

b)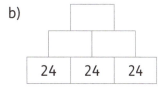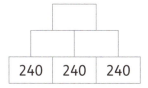

c)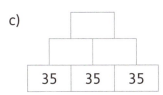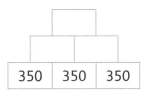

d)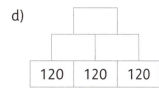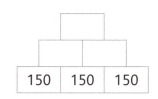

3 Finde Zahlenmauern mit gleichen Grundsteinen.

a)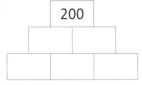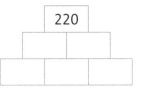

b)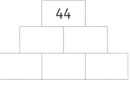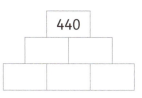

c)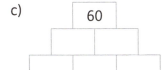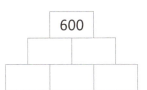

d)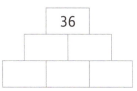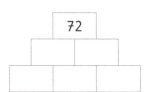

4 Zahlenmauern.

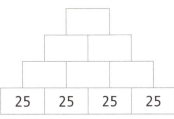   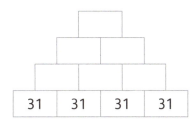   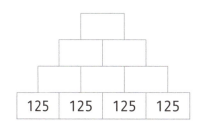

1, 2 Zusammenhänge zwischen den mittleren Steinen und den Grundsteinen beschreiben. **3** Decksteine einer Zahlenmauer mit denselben Grundsteinen untersuchen. **4** Vierstöckige Zahlenmauern mit gleichen Grundsteinen lösen.

→ Schülerbuch, Seite 125

Mit Tabellen rechnen

Ticketangebote der Verkehrsbetriebe.

	Kinder	Erwachsene
Einzelticket gültig für eine Fahrt	2 €	3 €
Viererticket gültig für vier Fahrten	6 €	9 €
Monatsticket gültig für 1 Person und beliebig viele Fahrten in einem Monat	32 €	81 €

1 Am Wochenende fahren diese Gruppen mit der S-Bahn zum Zoologischen Garten.
Wie viel Euro kosten Hin- und Rückfahrt? Finde das günstigste Angebot.

2 Finde das günstigste Angebot.

a) Herr Sommer fährt im Juni an 16 Tagen mit der S-Bahn zur Arbeit und zurück.

b) Anna fährt im Juni ebenfalls an 16 Tagen mit der S-Bahn zur Schule und zurück.

3 a) Herr Sommer fährt mit der S-Bahn S7.
Er muss um 7.40 Uhr am Alexanderplatz sein.
Wann muss er am Savignyplatz einsteigen?

b) Wie lange dauert seine Fahrt?

c) Anna fährt genau 20 Minuten mit der S7.
Sie steigt an der Haltestelle Ostkreuz aus.
An welcher Haltestelle ist sie eingestiegen?

S7	Alle 10 Minuten		
S Westkreuz	07:05	07:15	07:25
S Charlottenburg Bhf	07:07	07:17	07:27
S Savignyplatz	07:09	07:19	07:29
S+U Zoologischer Garten Bhf	07:11	07:21	07:31
S Tiergarten	07:13	07:23	07:33
S Bellevue	07:15	07:25	07:35
S+U Berlin Hauptbahnhof	07:18	07:28	07:38
S+U Friedrichstr. Bhf	07:21	07:31	07:41
S Hackescher Markt	07:23	07:33	07:43
S+U Alexanderplatz Bhf	07:25	07:35	07:45
S+U Jannowitzbrücke	07:27	07:37	07:47
S Ostbahnhof	07:29	07:39	07:49
S+U Warschauer Str.	07:32	07:42	07:52
S Ostkreuz	07:33	07:43	07:53

1, 2 Unterschiedliche Angebote berechnen und vergleichen.   **3** Sachaufgaben am Fahrplan lösen.

→ Schülerbuch, Seiten 128/129

Lösungswege vergleichen

1 Paula spart gemeinsam mit ihren Eltern für ein neues Fahrrad.
Paula legt jeden Monat 5 € in die Spardose,
ihre Eltern legen jeden Monat 50 € dazu. Das Fahrrad kostet 275 €.
Nach wie vielen Monaten kann Paula das Fahrrad kaufen?

Antwort: _____

2 Familie Berg baut einen Hobbyraum.
Der Boden wird mit Gummimatten ausgelegt.
Der Raum ist 5 m 50 cm lang und 3 m 50 cm breit.
Eine Gummimatte ist 50 cm lang und 50 cm breit.
Wie viele Gummimatten benötigen sie?

Antwort: _____

3 Herr Berg zäunt seinen Garten ein und baut ein Gehege für seine Hasen.

a) Wie viele Meter Zaun benötigt er für seinen Garten?

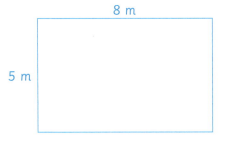

Antwort: _____

b) Wie viele Meter Zaun benötigt er für das Hasengehege?

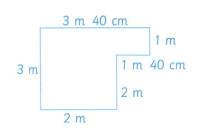

Antwort: _____

1–3 Aufgabe auf eigenen Wegen lösen.   2, 3 Skizzen als Hilfsmittel nutzen.

Formen in der Kunst

1 Setze das Muster fort.

a)

b)

c)

d)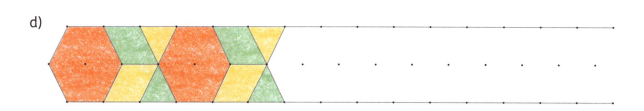

2 Färbe das Muster und setze fort. Beschreibe die Grundfigur.

a)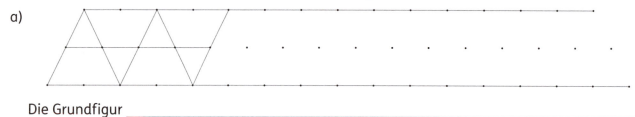

Die Grundfigur _____

b)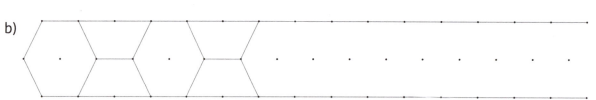

Die Grundfigur _____

c)

Die Grundfigur _____

Parkette

1 Setze das Parkett fort. Beschreibe die Grundfigur.

a)

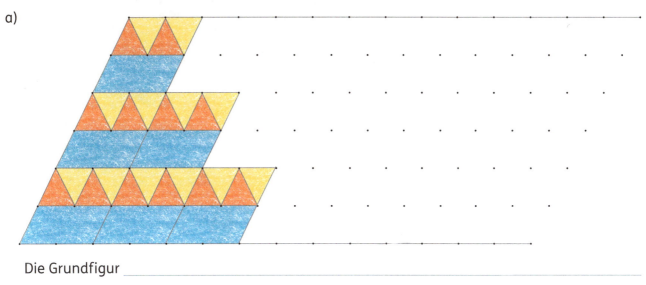

Die Grundfigur _____

b)

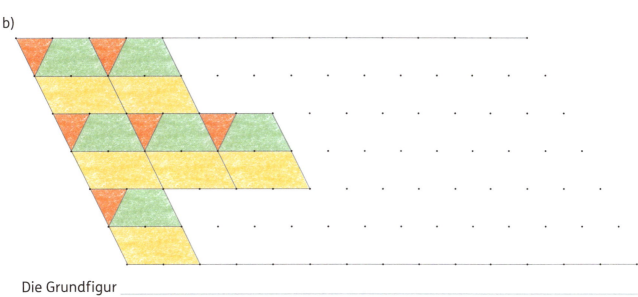

Die Grundfigur _____

2 Färbe das Parkett und setze fort. Beschreibe die Grundfigur.

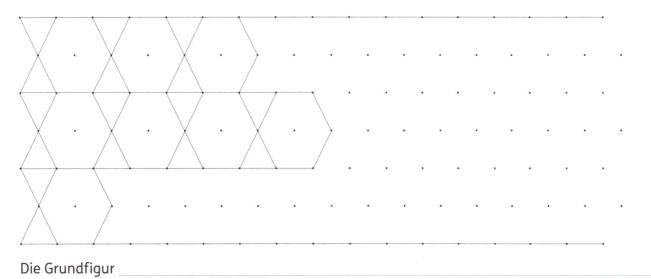

Die Grundfigur _____

Spiele mit dem Zufall

1

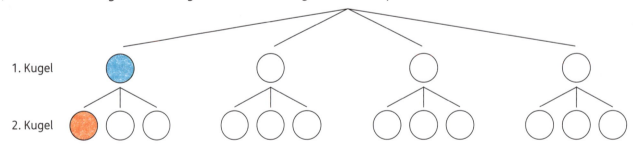

Kugeln ziehen

Im Beutel sind 4 Kugeln: 🔴 🔵 🟡 🟤

Spielregeln: 2 Kugeln ziehen. Welche Farben?

Eva darf setzen: Eine Kugel ist braun und eine rot.

Murat darf setzen: Die erste Kugel ist blau.

Die erste Kugel ist blau, die zweite rot.

Ich darf ein Feld weiter rücken.

a) Spiele „**Kugeln ziehen**". Wer darf setzen? Mache eine Strichliste.

Eva	Murat

b) Welche Ziehungen sind möglich? Male die Kugeln im Plan passend an.

1. Kugel
2. Kugel

2 Vergleiche am Plan und zeichne. Bei welchen Ziehungen darf …

a) … Murat setzen? b) … Eva setzen? c) … niemand setzen?

🔵 🟠

3 Ist das Spiel gerecht? Erkläre.

Zufallsexperiment durchführen. Die Ziehungen am Baumdiagramm („Plan") darstellen und dadurch die Chancenverteilung klären.

→ Schülerbuch, Seiten 136/137

Spiele mit dem Zufall

Kugeln ziehen

Im Beutel sind 4 Kugeln: 🔴 🔵 🟡 🟤

Spielregeln: 2 Kugeln ziehen. Welche Farben?

1 Esra und Paula spielen „**Kugeln ziehen**".

Esra darf setzen: Eine Kugel ist rot.

Paula darf setzen: Keine Kugel ist rot.

Vergleiche am Plan und zeichne. Bei welchen Ziehungen darf …

a) … Esra setzen? _____

b) … Paula setzen? _____

c) … niemand setzen? _____

2 Ina und Leo spielen „**Kugeln ziehen**" nach anderen Regeln.

Ina darf setzen: Eine Kugel ist rot und eine ist blau.

Leo darf setzen: Eine Kugel ist blau.

Vergleiche am Plan und zeichne. Bei welchen Ziehungen darf …

a) … Ina setzen? _____

b) … Leo setzen? _____

c) … niemand setzen? _____

3 Ist das Spiel von Ina und Leo gerecht? Begründe.

_____

4 Ziehungen raten.

Ina hat schon eine Kugel gezogen. Welche könnte es sein? Zeichne.

a) Es ist **möglich**, dass Ina setzen darf. _____

b) Es ist **unmöglich**, dass Ina setzen darf. _____

c) Es ist **möglich**, dass Leo setzen darf. _____

d) Es ist **sicher**, dass Leo setzen darf. _____

e) Es ist **möglich**, dass niemand setzen darf. _____

f) Es ist **unmöglich**, dass niemand setzen darf. _____

1, 2 Die möglichen Ereignisse finden und aufzeichnen.   3 Anhand der Anzahl der jeweils möglichen Ereignisse begründen.
4 Fachbegriffe *unmöglich*, *möglich* und *sicher* zuweisen.
(P, K, A, D)

→ Schülerbuch, Seiten 136/137

Bald ist Ostern

1 Für die Osterketten hast du 🥚🥚⭐⭐🐰🐰🔵🟢.

Ordne die Osterketten am Plan und finde alle verschiedenen Möglichkeiten.
Erkläre, warum es genau 16 sind.

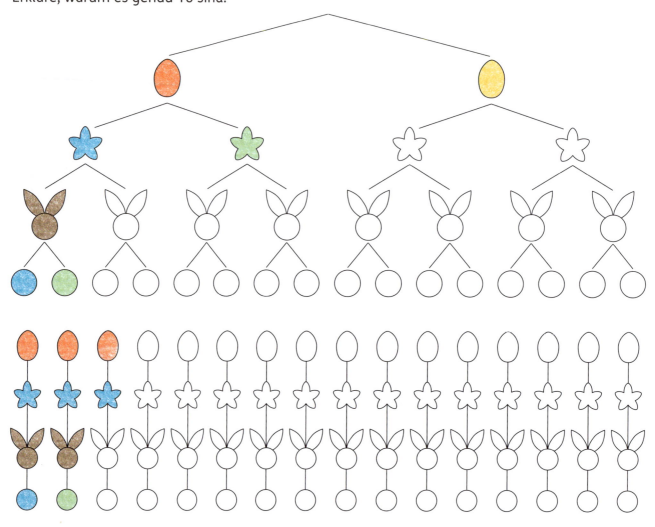

2 Welche Osterketten hängen zusammen? Ordne.

1 Baumdiagramm ausfüllen. 2 Osterketten am Vierfelderdiagramm einordnen.

→ Schülerbuch, Seiten 140/141

Schriftliche Subtraktion: Entbündeln

1 Subtrahiere. Erst die Einer, dann die Zehner, dann die Hunderter.

a)
H	Z	E
	5	10
6̷	2	7
− 3	9	2
2	3	5

7 − 2 = 5, schreibe 5.
12 − 9 = 3, schreibe 3
5 − 3 = 2, schreibe 2,
also 235.

Eric

H	Z	E
6	8	2
− 4	8	1

b)
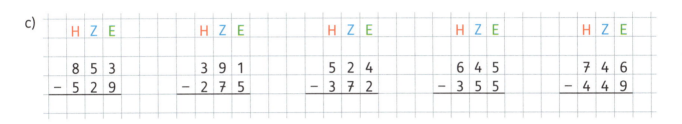

745 − 509   571 − 465   938 − 729   282 − 78   746 − 67

c)
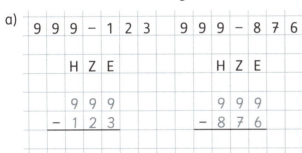 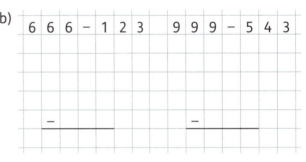

853 − 529   391 − 275   524 − 372   645 − 355   746 − 449

2 Schreibe die Zahlen stellengerecht untereinander und rechne.

a) 999 − 123   999 − 876   b) 666 − 123   999 − 543

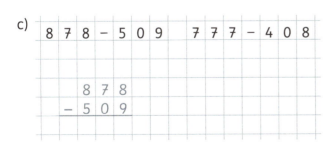 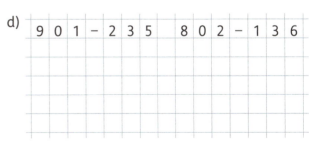

c) 878 − 509   777 − 408   d) 901 − 235   802 − 136

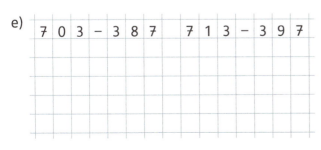 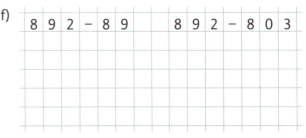

e) 703 − 387   713 − 397   f) 892 − 89   892 − 803

1, 2 Übungen zur schriftlichen Subtraktion, insbesondere bewusstes Mitsprechen und korrekte, stellengerechte Notation.

→ Schülerbuch, Seiten 142/143

Grundvorstellungen im Tausenderraum

1 Wie viel Euro?

_____ Euro

_____ Euro

_____ Euro

_____ Euro

_____ Euro

_____ Euro

2 Zahlen darstellen.

	H	Z	E	
fünfhunderteinundzwanzig				_____

	H	Z	E	
zweihundertfünfzehn				_____

	H	Z	E	
einhundertzweiundfünfzig				_____

	H	Z	E	
fünfhundertzwölf				_____

	H	Z	E	
zweihunderteinundfünfzig				_____

	H	Z	E	
einhundertfünf				_____

3 Zahlen ordnen.

~~78~~, 807, 87, 780, 808, 787, 878, 880, 708

|—————————————————————————————————————
78

4 Zahlen zerlegen.

347 = 300 + 40 + 7   374 = _____   704 = _____

473 = _____   743 = _____   74 = _____

437 = _____   734 = _____   470 = _____

5 In Schritten vorwärts zählen.

Einerschritte: 285, 286, 287 , ____, ____, ____, ____, ____, ____

Zehnerschritte: 285, 295, ____, ____, ____, ____, ____, ____, ____

Hunderterschritte: 285, 385, ____, ____, ____, ____, ____, ____, ____

Grundwissen am Ende des 3. Schuljahres.
Die Aufgaben sollten selbstständig gelöst werden (Lernstandskontrolle).

Grundvorstellungen im Tausenderraum

6 In Schritten rückwärts zählen.

Einerschritte: 915, 914, _913_ , ____ , ____ , ____ , ____ , ____ , ____ , ____

Zehnerschritte: 915, 905, ____ , ____ , ____ , ____ , ____ , ____ , ____ , ____

Hunderterschritte: 915, 815, ____ , ____ , ____ , ____ , ____ , ____ , ____

7 Nachbarzahlen.

_449_ , 450, _451_   ____ , 501, ____   ____ , 901, ____   ____ , 777, ____
____ , 455, ____   ____ , 505, ____   ____ , 910, ____   ____ , 788, ____
____ , 490, ____   ____ , 550, ____   ____ , 950, ____   ____ , 878, ____
____ , 499, ____   ____ , 555, ____   ____ , 979, ____   ____ , 887, ____
____ , 500, ____   ____ , 560, ____   ____ , 990, ____   ____ , 888, ____

8 Ergänzen bis 100 und bis 1000.

90 + ____ = 100   92 + ____ = 100   97 + ____ = 100   91 + ____ = 100
390 + ____ = 1000   392 + ____ = 1000   497 + ____ = 1000   791 + ____ = 1000

50 + ____ = 100   53 + ____ = 100   58 + ____ = 100   56 + ____ = 100
650 + ____ = 1000   653 + ____ = 1000   858 + ____ = 1000   656 + ____ = 1000

76 + ____ = 100   67 + ____ = 100   83 + ____ = 100   38 + ____ = 100
776 + ____ = 1000   667 + ____ = 1000   383 + ____ = 1000   838 + ____ = 1000

9 Zahlen vergleichen: < oder >?

90 ◯ 95   963 ◯ 369   17 ◯ 170   787 ◯ 887   811 ◯ 191
900 ◯ 195   693 ◯ 639   171 ◯ 177   870 ◯ 87   123 ◯ 321
500 ◯ 950   393 ◯ 396   770 ◯ 777   877 ◯ 888   1089 ◯ 891

10 Einfache Plus- und Minusaufgaben.

8 + 2 = ____   3 + 4 = ____   6 + 3 = ____   7 + 5 = ____
80 + 20 = ____   30 + 40 = ____   60 + 30 = ____   70 + 50 = ____
800 + 200 = ____   300 + 400 = ____   600 + 300 = ____   700 + 500 = ____

9 − 7 = ____   7 − 4 = ____   6 − 5 = ____   8 − 3 = ____
90 − 70 = ____   70 − 40 = ____   60 − 50 = ____   80 − 30 = ____
900 − 700 = ____   700 − 400 = ____   600 − 500 = ____   800 − 300 = ____

Grundwissen am Ende des 3. Schuljahres.
Die Aufgaben sollten selbstständig gelöst werden (Lernstandskontrolle).

Grundrechenarten im Tausenderraum

1 Plusaufgaben.

a) 6 + 3 = ____
60 + 30 = ____
600 + 300 = ____
660 + 330 = ____
662 + 335 = ____

b) 5 + 8 = ____
50 + 80 = ____
500 + 200 = ____
530 + 280 = ____
534 + 282 = ____

c) 350 + 350 = ____
345 + 345 = ____
355 + 355 = ____
365 + 345 = ____
375 + 335 = ____

d) 146 + 100 = ____
146 + 99 = ____
146 + 120 = ____
146 + 199 = ____
146 + 197 = ____

2 Minusaufgaben.

a) 682 − 400 = ____
282 − 50 = ____
232 − 6 = ____
682 − 456 = ____

b) 739 − 200 = ____
539 − 40 = ____
499 − 8 = ____
739 − 248 = ____

c) 830 − 100 = ____
830 − 90 = ____
830 − 85 = ____
830 − 95 = ____

d) 965 − 300 = ____
965 − 250 = ____
965 − 255 = ____
965 − 256 = ____

3 Überschlage.

a) 583 + 298 ≈ ____
Ü: 600 + 300 =

348 + 155 ≈ ____
Ü: ___ + ___ =

b) 358 + 245 ≈ ____
Ü: ___ + ___ =

583 + 227 ≈ ____
Ü: ___ + ___ =

c) 971 − 429 ≈ ____
Ü: ___ − ___ =

645 − 278 ≈ ____
Ü: ___ − ___ =

4 Rechne schriftlich.

```
  1 4 8      2 6 9      5 9 6      4 0 9      1 0 6      1 1 5      3 7 0
+ 1 8 5    + 3 9 7    + 4 0 3    + 4 7 9    + 3 3 8    + 1 0 7    + 1 8 5
———————    ———————    ———————    ———————    ———————    ———————    ———————
```

```
  7 4 4      2 2 9      3 9 7      2 1 9      2 8 7      1 6 8      2 5 6
+ 1 6 5    + 5 7 9    + 3 1 0    + 3 8 7    + 2 1 8    + 2 3 6    +   4 7
———————    ———————    ———————    ———————    ———————    ———————    ———————
```

5 Rechne schriftlich.

```
  9 0 0      8 9 5      8 9 0      8 8 5      8 8 0      8 7 5      8 7 0
− 4 0 2    − 4 0 7    − 4 1 2    − 4 1 7    − 4 2 2    − 4 2 7    − 4 3 2
———————    ———————    ———————    ———————    ———————    ———————    ———————
```

Grundwissen am Ende des 3. Schuljahres.
Die Aufgaben sollten selbstständig gelöst werden (Lernstandskontrolle).

Grundrechenarten im Tausenderraum

6 Finde die fehlenden Ziffern. Achte auf die Überträge.

a)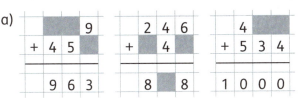

b)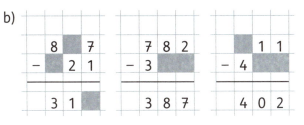

7 Rechne am Malkreuz.

a) 6 · 17 = ____   7 · 16 = ____   b) 9 · 18 = ____   8 · 19 = ____

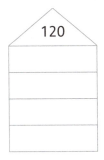 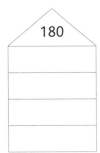 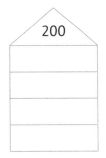  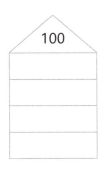

8 Finde Malaufgaben mit dem gleichem Ergebnis.

120   180   200   240   100

9 a) 3 · 80 = ____   5 · 60 = ____   3 · 60 = ____   3 · 40 = ____   3 · 50 = ____
4 · 60 = ____   10 · 30 = ____   2 · 90 = ____   2 · 60 = ____   5 · 30 = ____
8 · 30 = ____   3 · 100 = ____   9 · 20 = ____   10 · 12 = ____   15 · 10 = ____
6 · 40 = ____   6 · 50 = ____   6 · 30 = ____   4 · 30 = ____   10 · 15 = ____

b) 80 : 9 = ____   732 : 90 = ____   800 : 90 = ____   808 : 90 = ____
70 : 9 = ____   637 : 90 = ____   700 : 90 = ____   707 : 90 = ____
60 : 9 = ____   546 : 90 = ____   600 : 90 = ____   606 : 90 = ____
50 : 9 = ____   455 : 90 = ____   500 : 90 = ____   505 : 90 = ____

10 Welche Rechenzeichen passen? Setze +, −, · oder : ein.

a) 8 ◯ 4 = 32   b) 50 ◯ 10 = 60   c) 20 ◯ 5 = 25   d) 80 ◯ 8 = 640
8 ◯ 4 = 12   50 ◯ 10 = 5   20 ◯ 5 = 100   80 ◯ 8 = 72
8 ◯ 4 = 4   50 ◯ 10 = 500   20 ◯ 5 = 4   80 ◯ 8 = 10
8 ◯ 4 = 2   50 ◯ 10 = 40   20 ◯ 5 = 15   80 ◯ 8 = 88

Grundwissen am Ende des 3. Schuljahres.
Die Aufgaben sollten selbstständig gelöst werden (Lernstandskontrolle).

Geometrische Grundfertigkeiten

1 Ergänze das Spiegelbild.

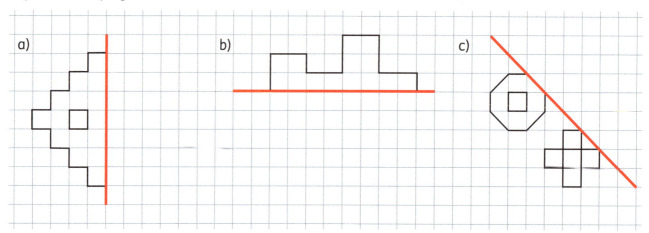

2 Wie groß ist der Fächeninhalt?

   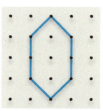

_____ Einheitsquadrate _____ Einheitsquadrate _____ Einheitsquadrate _____ Einheitsquadrate

3 Wie heißen die Figuren?

a)    b) 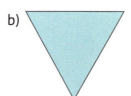   c)

d) 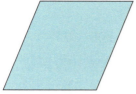   e)    f)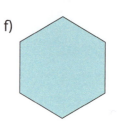

g)   h)

Geometrische Grundfertigkeiten

4 Setze die Parkette fort.

a) 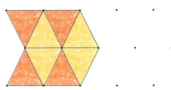   b)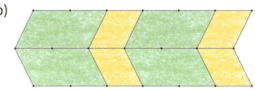

5 Zeichne mit dem Lineal Strecken, die 1 cm, 30 mm, 5 cm 7 mm und 3 cm 8 mm lang sind.

6 Zwei Baupläne gehören zum gleichen Gebäude. Kreuze an.

a) 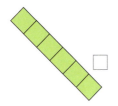   b)   c)   d)

7 Aus welchen Sechslingen kann man Würfel falten? Kreuze an.

a)   b) 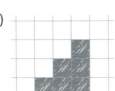   c) 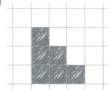   d)

8 Aus welcher Himmelsrichtung wurden die Seitenansichten gezeichnet?

Norden

	1	
Westen	2	Osten
	2	3

Süden

a)   b)

c)   d)

Grundwissen am Ende des 3. Schuljahres.
Die Aufgaben sollten selbstständig gelöst werden (Lernstandskontrolle).

Grundwissen über Größen

1 Welche Scheine und welche Münzen gibt es?

200 [ ] [ ] [ ] [ ] [ ]   Euro   ○ ○ Euro   ○ ○ ○ ○ ○ ○ Cent

2
a) 1 € = ____ ct   b) 0,10 € = ____ ct   c) 0,50 € = ____ ct   d) 0,48 € = ____ ct
   0,50 € = ____ ct   0,01 € = ____ ct   0,24 € = ____ ct   0,94 € = ____ ct

3 Wie viel Euro sind es?

10 €	1 €	10 ct	1 ct

____ €

____

4
a)
Brötchen	1	2	3	4
Preis	0,25 €			

b)
Pizza	1	2	3	4
Preis	3,10 €			

5
a) 1 kg = ____ g   b) 1 t = ____ kg   c) 1 kg = 10 · ____ g   d) 1 kg = 2 · ____ g
   2 kg = ____ g   2 t = ____ kg   1 kg = 5 · ____ g   1 kg = 4 · ____ g

6 Wie schwer?

1 Apfel: ____ g   1 Brötchen: ____ g   1 Jogurt: ____ g   1 Paket Butter: ____ g

7 Immer 1 kg.
500 g + ____ g   580 g + ____ g
250 g + ____ g   780 g + ____ g

8 Immer 1 t.
800 kg + ____ kg   475 kg + ____ kg
970 kg + ____ kg   893 kg + ____ kg

9 Ordne nach dem Gewicht. Beginne mit dem kleinsten.

| 1 kg | ~~300 g~~ | 570 g | 1 t | 750 g | 1 kg 500 g | 75 kg |

300 g < _____ < _____ < _____ < _____ < _____ < _____

90   Grundwissen am Ende des 3. Schuljahres.
Die Aufgaben sollten selbstständig gelöst werden (Lernstandskontrolle).

Grundwissen über Größen

10 a) 1 cm = ____ mm   b) 1 km = ____ m   c) 1 m = ____ cm   d) 0,10 m = ____ cm
　　 2 cm = ____ mm　　　 2 km = ____ m　　　 0,50 m = ____ cm　　 0,98 m = ____ cm

11 Immer 1 km.
　a) 500 m + ____ m　 b) 470 m + ____ m　 c) 435 m + ____ m　 d) 333 m + ____ m
　　 250 m + ____ m　　 215 m + ____ m　　 207 m + ____ m　　 194 m + ____ m

12 Immer 1 m.
　a) 80 cm + ____ cm　 b) 83 cm + ____ cm　 c) 63 cm + ____ cm　 d) 67 cm + ____ cm
　　 40 cm + ____ cm　　 42 cm + ____ cm　　 52 cm + ____ cm　　 31 cm + ____ cm

13 Schreibe in m und cm.
　a) 6,25 m = ___ m ___ cm　 b) 8,25 m = ___ m ___ cm　 c) 9,17 m = ___ m ___ cm
　　 3,50 m = ___ m ___ cm　　 3,75 m = ___ m ___ cm　　 2,02 m = ___ m ___ cm

14 Ordne nach der Länge. Beginne mit der kleinsten.

| 7 km | ~~50 m~~ | 600 m | 1 km 225 m | 125 m | 750 m |

50 m < _____ < _____ < _____ < _____ < _____

15 Wie lang sind diese Gegenstände ungefähr?

Nagel: _____　Schraube: _____　Nadel: _____　Bohrer: _____

16 Zeichne ohne Lineal Strecken von ungefähr 1 cm, 2 cm, 3 cm und 5 cm.

17 Miss die Körperlänge der Insekten (ohne Fühler und Beine) in Millimeter und zeichne sie als Strecke.

Bienenkönigin　Kartoffelkäfer　Grünes Heupferd　Feuerwanze　Gold-Rosenkäfer

20 mm

Grundwissen am Ende des 3. Schuljahres.
Die Aufgaben sollten selbstständig gelöst werden (Lernstandskontrolle).

Grundwissen über Größen

1 a) 1 Jahr = _____ Monate b) 1 Woche = _____ Tage c) 1 h = _____ min d) 1 min = _____ s
   1 Jahr = _____ Tage   1 Tag = _____ Stunden   2 h = _____ min   2 min = _____ s

2 Schreibe in h und min.

   5 h = _____ min   60 min = _____ h   150 min = ___ h _____ min   70 min = ___ h _____ min
   10 h = _____ min   120 min = _____ h   125 min = ___ h _____ min   105 min = ___ h _____ min

3 Immer 1 Stunde.

   15 min + _____ min   25 min + _____ min   3 min + _____ min   30 min + _____ min
   17 min + _____ min   47 min + _____ min   53 min + _____ min   59 min + _____ min

4 Ordne nach der Zeitdauer. Beginne mit der kleinsten.

   | 45 min | 4 h 5 min | ~~15 min~~ | 1 h 15 min | 120 min |

   15 min < _____ < _____ < _____ < _____

5 Berechne die Zeitdauer …

   a) … von 7.32 Uhr bis 10.05 Uhr.

   b) … von 9.15 Uhr bis 18.35 Uhr.

   c) … von 10.45 Uhr bis 17.08 Uhr.

6 a) 2 Jahre = _____ Monate   b) 4 Wochen = _____ Tage   c) 3 Monate ≈ _____ Tage
     3 Jahre = _____ Monate   7 Wochen = _____ Tage   6 Monate ≈ _____ Tage

7 Wie viele Sekunden?

   3 min = _____ s   2 min = _____ s
   8 min = _____ s   5 min = _____ s

8 Immer 1 Minute.

   58 s + _____ s   20 s + _____ s
   50 s + _____ s   45 s + _____ s

9 Ordne die Zeiten von 50-m-Läufern nach Schnelligkeit.

   | 9,4 s | 10,9 s | ~~8,7 s~~ | 8,8 s | 9,1 s |

   _8,7 s_ < _____ < _____ < _____ < _____

Grundwissen am Ende des 3. Schuljahres.
Die Aufgaben sollten selbstständig gelöst werden (Lernstandskontrolle).

Grundfertigkeiten im Sachrechnen

1 Johanna kauft 4 Hörnchen zu je 0,60 Euro, 5 Brötchen zu je 0,30 Euro, und ein Brot zu 2,40 Euro. Wie viel muss sie bezahlen?

2 Anne fährt mit ihrer Mutter im Zug. Erwachsene zahlen 25 Euro, Kinder die Hälfte. Berechne den Fahrpreis.

3 Die Schule beginnt um 7.50 Uhr. Jonas braucht für den Schulweg 25 Minuten. [?]

4 Der Bus fährt um 15.30 Uhr ab und ist um 16.05 Uhr in der Stadt. [?]

5 Ein Kinderzimmer ist 4 m lang und 3 m breit. Wie viele Meterquadrate passen hinein?

6 Herr Richter parkt von 10.15 bis 11.35 Uhr. Jede angefangene Stunde kostet 2 Euro. [?]

7 In einem Gartenlokal stehen 9 große Tische mit jeweils 8 Stühlen und 7 Tische mit jeweils 6 Stühlen. [?]

8 Eine Schule mit 192 Schülern und 12 Lehrern plant einen Theaterbesuch. Für die Fahrt benötigen sie Busse. Ein Bus hat 46 Plätze. [?]

9 Von Frankfurt bis Stuttgart sind es 183 km. Von Stuttgart nach München sind es 218 km. Frau Becker will von Frankfurt nach München fahren und auf halber Strecke eine Rast einlegen. [?]

10 Toni kauft 1 kg Bananen für 2,98 Euro, 2 Schalen Erdbeeren zu je 2,15 Euro und 2 kg Kartoffeln zu je 0,85 Euro. [?]

Grundwissen am Ende des 3. Schuljahres.
Die Aufgaben sollten selbstständig gelöst werden (Lernstandskontrolle).

Übersicht über die Blitzrechenübungen

Einmaleins an der Einmaleins-Tafel/Einmaleins umgekehrt
(→ Schülerbuch, Seiten 13, 14)
a) An der Einmaleins-Tafel wird eine beliebige Aufgabe des Einmaleins gezeigt und genannt. Das Kind nennt das Ergebnis. Besonders geübt werden müssen die farbigen Kernaufgaben, aus denen man die anderen Aufgaben ableiten kann.

b) Am Hunderterfeld wird mit dem Malwinkel eine Malaufgabe gezeigt. Das Kind rechnet die zugehörige Divisionsaufgabe. Später nennt das Kind selbst auch die Malaufgabe.

Verdoppeln im Hunderter/Halbieren im Hunderter
(→ Schülerbuch, Seiten 16, 17)
a) Es wird eine Zahl bis 50 genannt. Das Kind berechnet das Doppelte.

b) Es wird eine gerade Zahl bis 100 genannt. Das Kind berechnet die Hälfte.

Zur Unterstützung kann das Hunderterfeld oder Rechengeld benutzt werden. In beiden Fällen empfiehlt sich eine systematische Abwandlung der Aufgaben.

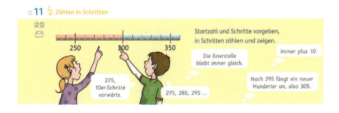

Wie viele?
(→ Schülerbuch, Seite 33)
Am Tausenderfeld wird mit dem Zahlenwinkel eine Zahl gezeigt. Das Kind nennt die Zahl.

Zählen in Schritten
(→ Schülerbuch, Seite 35)
Zu einer vorgegebenen Schrittweite (1er, 2er, 5er, 10er, 20er, 25er, 50er, 100er, 200er, 250er) vorwärts oder rückwärts zählt das Kind von einer passenden Ausgangszahl einige Schritte weiter.

Einfache Additionsaufgaben/Einfache Subtraktionsaufgaben
(→ Schülerbuch, Seite 47)
a) Vorgegeben werden Plusaufgaben, bei denen nur Einer oder glatte Zehner- bzw. glatte Hunderterzahlen dazu gerechnet werden. Das Kind berechnet jeweils das Ergebnis.

b) Analog mit Minusaufgaben.

Übersicht über die Blitzrechenübungen

Verdoppeln im Tausender/Halbieren im Tausender
(→ Schülerbuch, Seiten 48, 49)
a) Vorgegeben werden Zahlen bis 500. Das Kind berechnet jeweils das Doppelte.

b) Vorgegeben werden glatte Zehnerzahlen unter 1000. Das Kind berechnet jeweils die Hälfte.

Zur Unterstützung kann in beiden Fällen das Tausenderfeld herangezogen werden. Günstiger ist es aber, wenn die Kinder die Aufgabe geeignet in Teilaufgaben zerlegen.
Beispiel: 800 : 2 = 400, 70 : 2 = 35, 870 : 2 = 435

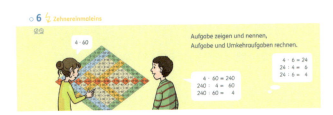

Ergänzen bis 1000
(→ Schülerbuch, Seite 54)
Es wird eine Zahl unter 1000 genannt und am Tausenderfeld gezeigt. Das Kind ergänzt die Zahl bis 1000. Dabei kann es nutzen, was es beim „Ergänzen bis 10" und „Ergänzen bis 100" gelernt hat.

Zehnereinmaleins
(→ Schülerbuch, Seite 66)
An der Zehnereinmaleins-Tafel auf der hinteren Umschlagseite des Arbeitsheftes wird eine Aufgabe gezeigt. Das Kind berechnet das Ergebnis und nennt die beiden Umkehraufgaben.

Mal 10, durch 10
(→ Schülerbuch, Seite 67)
An der Stellentafel wird mit Ziffernkarten eine Zahl bis 100 gelegt und benannt. Das Kind nimmt sie mal 10 und verschiebt die Kärtchen eine Stelle nach links. Dann teilt es das Ergebnis durch 10 und verschiebt die Kärtchen eine Stelle nach rechts wieder in die Ausgangslage.

Zum Einsatz der Blitzrechenübungen

Im ZAHLENBUCH spielt der Blitzrechenkurs als rechnerisches Fitness- und Förderprogramm eine tragende Rolle. Die Grundlegung jeder Übung erfolgt im Schülerbuch bei der Behandlung des entsprechenden Themas und sticht dort durch ein besonderes Layout heraus.

Auf den Arbeitsheftseiten 94–95 sind die betreffenden Bilder für die Übungen im Tausenderraum zusammengestellt und mit etwas ausführlicheren Anleitungen versehen. Alle, die mit den Kindern zu Hause Blitzrechnen üben, können so schnell einen Überblick gewinnen.

Auf dem ausklappbaren Umschlag finden sich die Anschauungsmaterialien („Operationsfelder"), die man für die praktische Durchführung der Blitzrechenübungen benötigt.

Zur Übung des Blitzrechnens gibt es zusätzlich die Rechenkartei „Blitzrechnen", die CD-ROM „Blitzrechnen" und die Blitzrechnen-Apps.
Durch diese verschiedenen Angebote wird sichergestellt, dass überall eine Grundlage für ein regelmäßiges Üben des Blitzrechnens gegeben ist.

Für jedes Kind sollte ein „Rechentrainer" gefunden werden, der mit dem Kind übt und sich für seine Fortschritte verantwortlich fühlt.
Rechentrainer können nicht nur Mitglieder der Familie, sondern z.B. auch Mitschüler, ältere Schüler oder Erwachsene in der Nachmittagsbetreuung sein. Mit der Rechenkartei , der CD-ROM oder der App kann ein Kind auch allein üben.
Im Verlauf des Übens sollte eine allmähliche Lösung von der Anschauung hin zum Kopfrechnen erfolgen. Vor einer vorschnellen Automatisierung wird ausdrücklich gewarnt, weil dies nicht zu Verständnis führt.

Alle Beteiligten müssen wissen, dass ein grundlegendes Training im Rechnen genauso zwingend ist wie im Sport.

Blitzrechnen
jetzt im App-Store
für IOS und Android